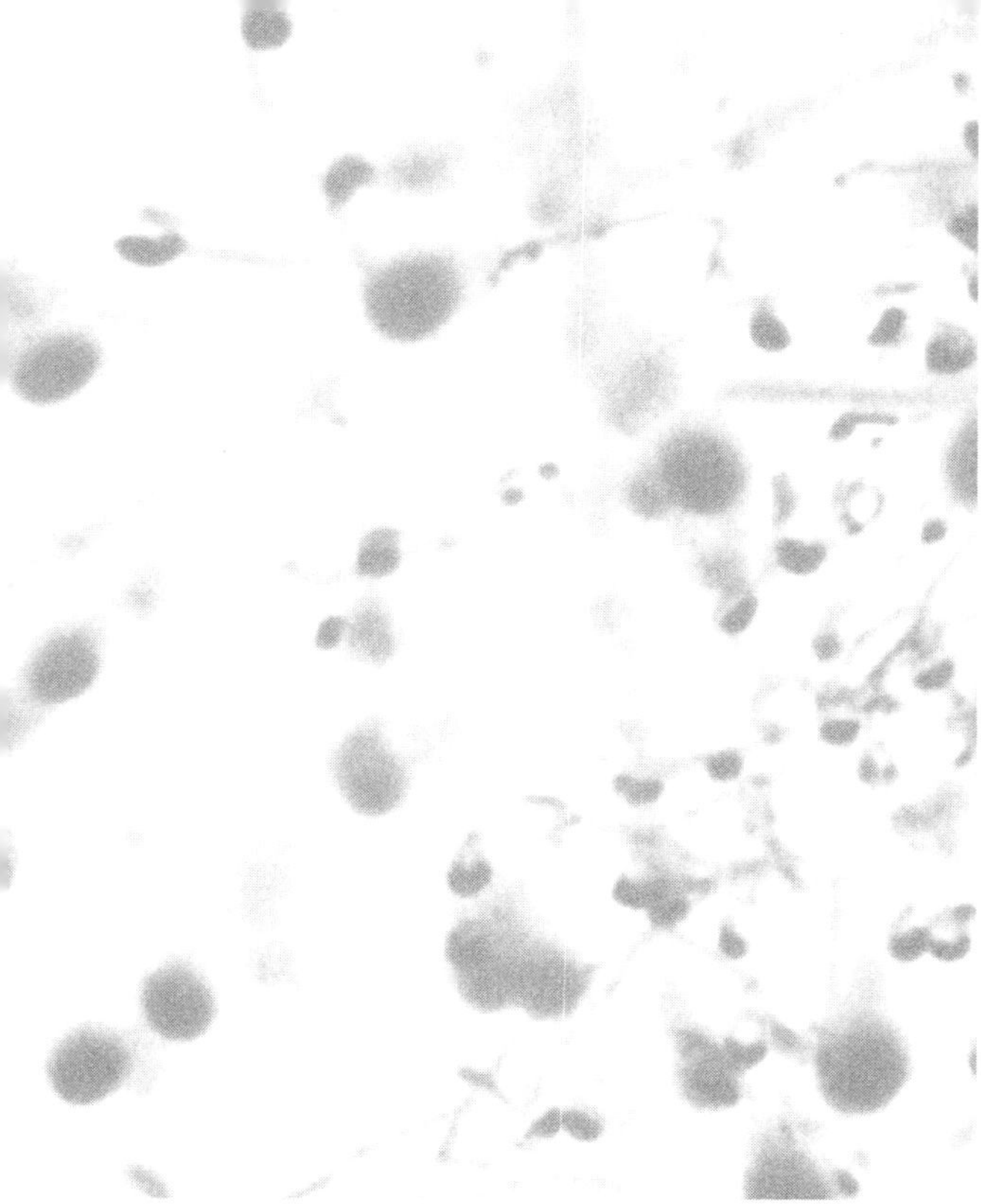

Neurophilosophy

Jiro KAWAMURA

脳と精神の哲学

【心身問題のアクチュアリティー】

河村次郎 著

萌書房

脳と精神の哲学——心身問題のアクチュアリティー——◉目　次

脳と精神の哲学

——心身問題のアクチュアリティー——

序

心身問題と臨床神経哲学

ついに世紀末を終え、新しい時代が幕を開けた。

今世紀は脳の科学の時代、あるいは脳と心の科学の時代と言われる。既に二〇世紀の後半から急速に進歩してきた脳と神経の科学は、世紀末に近づくにつれ、いよいよ人間の「精神」という聖域への接近を加速してきた（「精神」は、ここでは魂とか心とか意識あるいは主観、さらには生命といったものを総括したものと受け取ってもらってかまわない）。つまり科学はついに、従来は客観化的で数量化的な実験的手法の手に余る、人間各自の「主観的心」にも探究のメスを入れ始めたのである。

前世紀後半における、このような脳科学の急速な進展に並行していたのが分子生物学（生命科学）とコンピューター技術の赫奕たる進歩であることは言うまでもなかろう。これらの科学は「情報」という現象への関心を共有している。そこで、これらの科学において人間の「精神」は情報処理の機能的側面から主に焦点が当てられるのである。そして、この傾向が極まれば、古くから存在する人間機械論の焼き直しにすぎないものとなる。そこで我々は、ここで再び人間機械論を楽観的に信奉するか、それともそれを乗り越える有機的人間観を採るか、の岐路に立たされることになる。

さて、この人間機械論と有機的人間観の対立は、既に古代ギリシャにおける哲学と科学と医学の誕生以来、現代に至るまで様々な様相を呈してきた。そして、この対立・論争が「心と身体」ないしは「精神と物質」の関係を問う「心身問題」に収斂することは周知のことであろう。

心身問題は古来、哲学上の中心課題の一つであったが、この問題の重要性を言い当てたのは、近代哲学の創始者たるデカルトであった。デカルトの心身論上の立場は、時期によって若干の変遷が見られるが、基本的に二元論である。つまり彼は人間の身体を自然界の物質と同一視し、それを機械と見なし、精神的な要素を全く排除した。したがって非物質的な精神（心）は物質機械としての身体とは独立して存在する実体と考えられた。これが有名なデカルトの心身二元論である。

デカルトに発するこの二元論的立場は、従来の宗教的‐神話的思考を克服し、精神的要素を括弧で括くり（無化したのではない！）、数学的自然科学の方法を範とする人間身体と自然現象全般の機械論的研究の赫奕たる進歩を可能にした。だが我々はここでヒトと人間の区別に注目しなければならない。

確かにヒトは基本的に物質から成り立っている。しかしヒトを構成するこの物質は、生命なき自然の物質性とは、あくまで区別される。生物としてのヒトを構成する物質は、タンパク質（プロテイン）を基調とし、高度の有機的組成をもつ複合的システムを形成している。そして、この複合的システムの設計図であるとともに司令塔でもあるのが、遺伝子ＤＮＡである。ＤＮＡはヒトの身体に数十兆個存在する細胞の核の中に二三対の染色体として束ねられている。

生命がこの地球上に誕生してから約三八億年。この間の生物進化の過程を経て、ヒト（Homo sapiens）は万物の霊長として、この地上に君臨するに至った。

この直立歩行の高等脊椎動物は何よりもまず、その高度に発達した大脳新皮質によって特徴付けられる。とりわけ前頭葉の発達は他の生物の追従を許さない、群を抜いたものとなっている。

大脳新皮質は、理性的で論理的な思考と計画に基づいた行動を可能にする。それに対して旧・古皮質は、情動や本能的行動を司っており、より動物的な趨勢をヒトに付与している。しかしヒトの思考と行動は、理性（ないし知性）と感情の両側面から成り立っており、新皮質と旧・古皮質は相互の影響関係にある。さらにヒトの脳は脊髄と連結した中枢神経系として、身体全体と切っても切り離せない関係をもっている。そして、この脳（俗に言う

図0－1　大脳皮質・脳幹部と人間精神

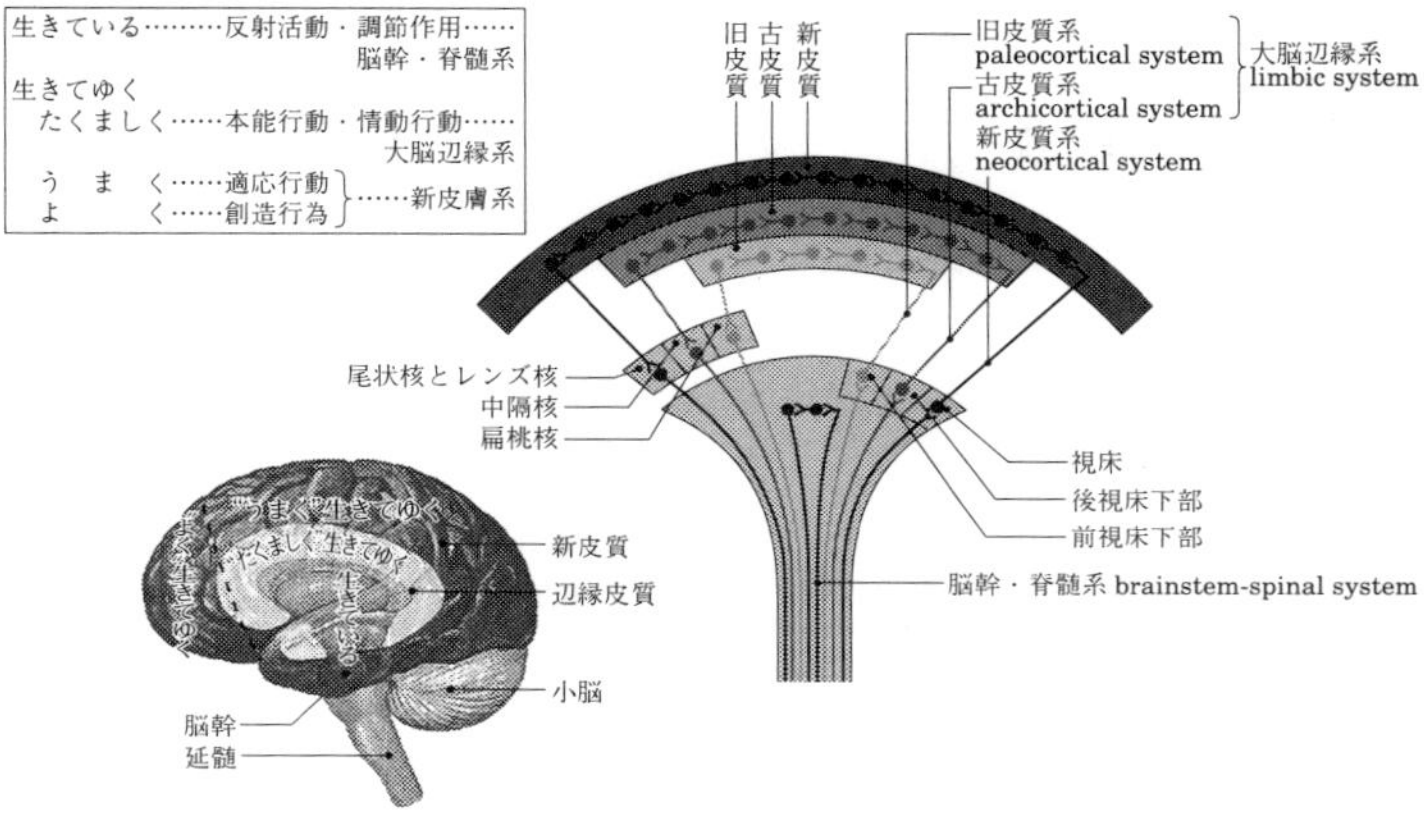

（出所）　時実利彦『目でみる脳』東京大学出版会，27ページ。

「頭」）と身体は、特に感情と本能的行動の側面で密接に関係している。つまり頭と体は旧・古皮質と脳幹部の働きを介して交流しているのである（図0‐1を参照）。

　さて、あらゆる生物は群れをなして行動・生活する、という根本習性をもっている。それはなぜなのであろうか。種を維持し、種の中での個体の生命を確保するためには、他の種による攻撃から身を守るための群棲的生活が必要であるというのが、それに対する穏当な答えであろう。しかし何よりも次世代の種の繁栄を期しての本能的行動形態という面は無視できない。ヒトも、この群棲的生活という根本的習性を他の生物と共有しているが、高度に発達した脳機能によって、その群棲的生活形態は「社会」という複合システムを形成するに至っている。

　さて、ここで「ヒト」という言葉は本来生物学の領域で使われるもので、我々が日常使っている「人」とか「人間」とは区別されるべきものであることに注意してほしい。生物学で言うヒトは、イヌやネコやマウスと同じように、個体の特質を括弧で括った上での生物の呼び名なのである。したがって「ヒト」と言う場合、太郎や花子やジョンやエミリーという個体の人格は括弧で括られるし、日本人であるのかフランス人であるのかも度外視される。しかし動物でも飼い犬や飼い猫は、エスとかタマと呼ばれ、何年も飼っていれば情が移って人間なみの「個の特質」が認められるようになる。つまり彼らはイヌやネコであると同時に愛犬エス・愛猫タマでもあるのだ。それと同じように我々もまた「ヒト」という側面と「人間」という側面を同時にもっている。そして、この両義性はあらゆる生物の中で、我々において最も際立ったものとなっている。

生命あるもの、すなわち生物は共生を本性とする。この「共生」は人間においては「社会」という高度の形態をとる。「人」という漢字が「ヒトとヒトとの支え合い」を意味する象形文字に由来するのは周知のことであろう。この「支え合い」は、一見生物学から掛け離れた概念のように思われがちだが、実は「生物の共生」に深く根差しているのである。

以上のような観点を堅持すれば、単純な人間機械論に陥ることはないであろう。しかし、それにもかかわらず新しい時代の幕開けとともに、我々は「人間の脳」の重要性を改めて認識しなければならない。つまり非機械論的で反還元主義的な脳の理解が要請され、その理解に基づいて人間の精神を解明することが必須の課題となるのである。

ドイツのマックス・プランク脳研究所所長のヴォルフ・ジンガーは、人間の脳を社会・文化的な環境の中で発達する自己組織系として捉え、「意識の主観的特質」というものが、異なる複数の脳と脳の間の情報交換を通じて初めて実在化する「脳の創発的性質」であり、純粋に神経生理学的方法では到達できない、と主張する。

情報処理の機能をもつ機械としての脳は標準的な神経生理学と認知科学の方法によって研究され、その本性が明らかにされる。しかし、それによって解明されるのは、あくまで生物ないしは生命機械としての「ヒトの脳」の本性である。しかし、この「ヒトの脳」と「人間の脳」はやはり区別される。「人間の脳」は、そのような単純な物質的機能機械ではない。それはまさに、ジンガーの言うように、社会・文化的環境の中で発達する自己組織系なのであり、進化的過程における生物の群棲的生活形態（共生）に深く根差した「生命システム」として捉えられるべきものなのである。

さて従来、心身問題は、いかにして非物質的精神が物質的身体（特に脳）から生ずるのか、あるいはいかにして非物質的精神が物質的身体と相互関係をもつことができるのか、という点を中心に論じられてきた。つまり心身問題が問題として生ずるゆえんは、精神というものが、物質的身体に還元されえないものとして、あくまで存在するという観点が堅持されるからなのである。しかし、この観点は以外と脆いものである。非物質的なものと思われた精神が、実は物質的な脳の働きに基づいており、後者が完全に解明された暁には、前者の独立自存性は否定され、その結果哲学的心身問題は解明されるというよりは解消されることになる。つまり哲学的心身問題は疑似問題であって、本当は存在しないのだ、ということになるのである。実際そのように考える脳科学者や医学者はけっこう多い。

しかし二〇世紀に入ってからの心身問題は、それほど単純なものではなかった。既にメルロ＝ポンティを代表とする現象学派の心身論では、非物質的精神と物質的身体の対立は、世界内属的な生きられる身体の次元において止揚され、従来の唯心論と唯物論の単純な対置関係は完全に克服されている。また本書の第1章で取り上げるマリオ・ブンゲの「創発主義的一元論」は、一応マテリアリズムという立場をとっているが、それは生命なき自然の物質性に基礎を置く唯物論ではなく、人間の中枢神経系の営む深い社会‐生物学的活動に基盤をもつ物質生成論という性格のものである。彼においても、また従来の唯心論と唯物論の対立が克服されているが、同時に消去的還元主義に対する徹底的批判もなされている。消去的還元主義とは、本文中で詳しく説明するが、「所詮我々は物質から成り立っているんだから、心なんて本当は存在しないのさ」という、あの感慨を理論的に洗練したものと考えてもらって差し支えない。

ところでマテリアリズムは唯物論と訳されるのが通例だが、ブンゲのマテリアリズムは決して、この訳語を受けつけない性質のものである。そもそも優れた哲学思想は決して「唯〜論」には傾かないものである。筆者もそうありたいし、それを何とか概念化・理論化したいと思う。それゆえ本書は、かの「唯脳論」とは徹底的に対立する。ちなみに唯脳論は唯物論というよりは、「脳‐還元主義」という色彩が濃い。それは場合によっては従来の唯心論に近いものとなる。つまり、世界はそれを知覚・認知する「心」に全面的に依存するものだという考え方の「心」の部分を「脳」に置き換えただけなのである。

メルロ＝ポンティやブンゲの思想は、まさにこの唯脳論に対立する哲学的心身論の代表であるが、同時に科学との密接な関係を保っている。それゆえ彼らの心身論はアクチュアリティーに満ちあふれている。

「もっとアクチュアルな問題に関心はないんですか」。

これは、哲学研究者（これは必ずしも哲学者ではない）が、他の学問領域の人々や一般人から、よく言われることである。

前世紀末頃から哲学における従来の学説史的な研究に対する批判として、生命倫理や環境倫理といった応用倫理学や臨床哲学という形で、何とかアクチュアルな問題に取り組む傾向が現れてきた。本書における筆者の試みもまた、この傾向に与するささやかな試みであるが、同時に従来の科学哲学の流れに属するものでもある。そして主題は言うまでもなく「心身問題」であり、これをアクチュアルな次元で論じようというのが本書の趣旨なのである。それゆえ副題は「心身問題のアクチュアリティー」となったのである。

さて、主題の方は「脳と精神の哲学」となっているが、これは、先述のような「心」よりも広い概念としての「精神」と「脳」の関係を問う哲学という意味と同時に、脳科学と精神医学の基礎を論じる科学哲学というニュアンスを含ませている。そして、この科学哲学は、近年アメリカを中心に興隆してきた神経哲学（neurophilosophy）の流れに与するものでもある。

この「神経哲学」は、従来の分析哲学系の「心の哲学」の発展形であるが、分析哲学の概念分析的方法を超え、心身問題を事実性の次元に乗せ、神経科学や認知科学の成果を積極的に取り入れる点に特徴がある。また、それは精神医学や神経病学の基礎についても事実性の次元で発言する。

ちなみにブンゲやメルロ＝ポンティは、この傾向の先駆者と見なされるが、本書は、これらの思想傾向と方法論を大胆に取り入れ、日本における臨床－神経哲学の先駆けとならんとするものである。この点に関しては、いささか僭越の感を拭えないが、二一世紀の新しい哲学の可能性を拓くためのスケープ・ゴートと考えてもらって差し支えない。

論述は、まずブンゲとメルロ＝ポンティの先駆的業績を吟味することから始めて、次に精神医学と心身医学を題材として心身問題のアクチュアリティーを論じ、さらにD・チャルマーズの主張する「意識のハード・プロブレム」を中心として、脳科学と神経哲学の関係を考察する。そして最後に、心身問題と今後の哲学の在り方を論じて総括としたい。

第1章 マリオ・ブンゲの創発主義的精神生物学

二〇世紀には数多くの心身論に関する書物が世に出たが、その中でも一際注意を引くのはマリオ・ブンゲの『心身問題――精神生物学的アプローチ――』(一九八〇年)[1]である。

ブンゲは、一九一九年にアルゼンチンに生まれた。彼は地元のラ・プラタ大学で物理学を専攻し、その後同大学およびブエノスアイレス大学の理論物理学の助教授から教授となったが、一九五七年から哲学の教授に転身した。彼にとって哲学とは科学基礎論に他ならなかった。

ブンゲの著作はすべて英語で書かれているが、彼は他の英語圏の華々しい名声を博した哲学者たちに比べ、これまであまり注目されなかった。

筆者は心身問題に関する書物を漁っているうちに前掲のブンゲの著書に出会ったが、読み進むにつれて、これまでの心身関係ないしは心脳関係についての曖昧模糊とした感慨が払拭され、まさに目から鱗が落ちる思いであった。もちろん筆者は、これから説明するように、ブンゲの立場に全面的に賛成なわけではない。しかし、この若干の反感をも逆に強い共感へとエネルギー転換する魅力を彼の思想は秘めていた。筆者は、言葉の最も深い意味において彼の思想に「触発」された。つまり単に彼の思想を忠実に解釈し、信奉するのではなく、その思想を通して自分なりに心身問題を事象に即して徹底的に考えるための意欲とインスピレーションを授けられたのである。

それでは、彼の心身論はどのようなものなのであろうか。

1 脳なき心理学vs心なき神経生理学

ブンゲは『心身問題』の序において、「心(mind)」というものが、古来曖昧な日常言語を使って神話的に説明され、それゆえ実証的自然科学の枠外に置かれてきたことに、まず注意を促している。この傾向は、心理学が一個の実証科学として成立した二〇世紀においても存続したが、行動主義の心理学はその代表である。

行動主義者たちは、刺激―反応図式を基本に据え、外部から観察可能な「行動」に研究対象を限定し、内面的な「心」はブラックボックスとして無視した。換言すれば彼らは、通常「心」と呼ばれているものは、実は外に現れた「行動」から推測されたものにすぎない、と断定したのである。この考え方によって心理学は「実体としての心」を完全に切り捨て、内的な意識と認知の過程を考察の対象から外した。つまり心理学は「心」を排除した行動の科学となったのである。

この傾向は一時大いに推奨された。しかし、ここでぜひとも注目すべきことは、内的「心」を排除することによって科学性を高めようとした行動主義の心理学が、同時に「脳」の最も重要な機能をも研究する機会を失ったことである。これによって心理学は、心と脳ないしは、この両者の相関を視野から失うことになってしまった。

また行動主義以外の心理学も、一般に脳を直接研究の対象にすることはなかった。その後出現した認知科学も、最初は脳の実質的な神経過程から切り離された、抽象的な認知の過程を研究することから出発し、この傾向は長く続いた。認知科学は、人間の脳よりもコンピューターの方に興味をもち、その機能とのアナロジーにおいて人間の認知過程を研究してきたのである。つまり心理学は基本的に「脳なき心理学（brainless psychology）」なのである。そして、この脳を欠いた心理学は、同時に生ける人間の生物学的「心」も失ってしまっている。

他方、神経生理学を中心とする脳科学は、脳の実質的な神経過程にのみ注目するあまり、「心」を完全に捨象してしまっている。つまり脳科学は「心なき神経生理学（mindless neurophysiology）」となってしまっているのである。こちらの方は一見「脳なき心理学」より穏当なものに思われるが、実は消化機能を無視した消化器医学のようなもので、脳の最も重要な高次機能を自ら葬り去ってしまっているのである。

ブンゲは「脳なき心理学」と「心なき神経生理学」の対立を調停する地点に「心身問題」を据える。彼は次のように言っている。「神経生理学は必要なものであるが、しかしそれで十分であるというわけではない。というのも、それは目的や思考といった心理学的範疇を無視する傾向があるからである。そして心理学も、同様に必要なものではあるが、――もしそれが生理学的心理学ではないとすれば――それだけで十分とは言えない。なぜならそれは、神経系について忘れがちだからである(2)」。

ブンゲにとって心身問題はまた科学と哲学の接点に位置するすべての問題の中で最も重要かつ困難なものである。しかし、この困難さはペシミズムを招来するものではなく、科学と哲学の関係をより親密なものとし、それによって人間理解をより深めつつ、実り豊かな心の科学（science of mind）を創設することに導くような性質を秘めたものと見なされる。

確かに心身問題は超困難な形而上学的問題であり、古来幾多の哲学者や科学者がそれに挑んでは挫折してきたものである。しかしブンゲはあえて、この問題が「解決可能である」と主張し、その解決の概略を示そうとする。そして、これはまさに哲学と科学の関係を相互協力的なものとし、建設的見解を次世代へとバトンタッチするための果敢な試みと言える。ここで言う「次世代」が脳と心の科学の時代と言われる今世紀に当たることは言うまでもない。

ブンゲは一九八〇年に次のように言っていた。「心（mind）に関する科学は、大きな発展を遂げつつある。実際のところ神経科学、心理学、哲学という以前には別々であった三つの潮流が、一点に収束しつつある(3)」。

我々は、ここに述べられた「心（mind）」を、先述の、より広い概念である「精神」という日本語に置き換えて、

「精神の科学」と言ってもよいであろう。この精神の科学は、記憶、学習、知覚といった個々の要素的な心的機能のみを扱うのではなく、統合的人格や社会的行動や生物学的生命・生態までをも対象とする科学なのであり、神経系との有機的関連における心のダイナミズムを中核に据えている。そして、この精神の科学を創設するために、心身問題にあえて挑まなければならないのである。しかしそこには大きな障壁が存在する。それは、すべての二元論と通俗的唯物論である。そこで我々はブンゲとともに従来の心身論上の立場を分類・整理し、悪しき要素がどこに存するのか、を明確にしなければならない。

2　心身論上の諸々の立場

心身問題に関する見解の分類は、これまで多くの哲学者によってなされてきたが、そのうちブンゲの分類は最も精緻かつ明快であり、今日の神経科学者たちにも愛好されている。

まず彼が示した次の表を見てみよう。(4)

さて、この表に挙げられた一〇個の見解にそれぞれ属する哲学者や科学者は、おなじみの人が多いと思われる。しかし心身論上の立場の分類を大ざっぱにしか把握していなかった人には、この表は新鮮なものとして映り、改めて心身問題に関する各思想家の見解の微妙な相違を考えるよう促されるであろう。

先述のように、心身問題は哲学の中心問題の一つなわけだが、心理学者や生物学者や医学者の中にも、この問題に並々ならぬ関心をもつ者がいる。そして今日においては何と言っても脳科学（神経科学）と精神医学を専攻する学者にとって、この問題は再考の価値あり、と認められている。

表1－1　心身問題に関する10個の見解

精神物理的一元論	精神物理的二元論
M1　すべてのものは ψ である。（観念論，汎心論，現象主義。バークリ，テイヤール・ド・シャルダン）	D1　ϕ と ψ は各々独立している。（これまでウィトゲンシュタイン以外に擁護者なし）
M2　ϕ と ψ は単一なものの非常に多くの側面ないしは現れである。（中性的一元論，二重側面説。スピノザ，ファイグル）	D2　ϕ と ψ は平行的あるいは同時生起的である。（精神物理的平行説，予定調和説。ライプニッツ，一部のゲシュタルト心理学者）
M3　何ものも ψ ではない。（消去的唯物論，行動主義。J. B. ワトソン，クワイン）	D3　ϕ は ψ に作用を及ぼす。つまり ϕ は ψ を引き起こす（あるいは ϕ は ψ を分泌しさえする）。（随伴現象説。ハクスレー，エイヤー）
M4　ψ は物理的である。（還元的ないしは物理主義的唯物論。エピクロス，ファイアーベント）	D4　ψ は ϕ に作用を及ぼす，あるいは ψ は ϕ を引き起こし，賦活し，制御する。（アニミズム。プラトンなど）
M5　ψ は創発的な脳の諸機能（諸活動）の集合である。（創発主義的マテリアリズム。ディドロ，ダーウィン）	D5　ϕ と ψ は相互に作用を及ぼす。（相互作用説。デカルト，ポパー）

（注）ϕ は身体（または物理的なもの）を ψ は心（または心的なもの）を表している。
Mは一元論（Monism）を，Dは二元論（Dualism）を表している。

他方、学者以外の一般の人々も暗々裡に、この問題に関心をもっている。例えば体の調子と気分状態の相関を体験するときとか、人生観や世界観について、深夜酒を交わしながら友人と話し込んでいるときとか、身近な人の死に際して柄にもなく宗教上の問題に思いを巡らせているとき、人々は実は心身問題に一歩踏み込んでいるのである。

次に挙げるのはR・J・ジェネイロという[5]哲学者の書いた『心と脳』という対話篇の冒頭の一節である。

デイヴ：どうしたのメアリー。元気がないね。

メアリー：ええ。昨日の夜、いとこのトムが癌で死んじゃったのよ。あっという間だったわ。私たちは今でもそれを認めたくないの。

デイヴ：ごめんね。でも君の気持ちはよく分かるよ。僕も去年妹を白血病で失ったからね。僕らは、彼女を失って胸が引き裂かれる思いだったよ。でも彼女はいつでも僕の胸の中に居るし、いつか再び会えることを僕は信じているんだ。君もトムが天国に居ると思ってごらん。そうすれば気持ちが楽になるよ。僕は神様と霊魂の不滅を信じているけど、君はどうなの。

メアリー：私は信じないわ。神様を信じないのには色々理由があるの。例えば、どうして全知で全能で善意に満ちた存在と想定される者が、こんなむごい不幸と悪がこの世に存在することを許すのか、私にはとても信じられないの。有神論者たちが、この「悪の問題」に答弁したことは知っているけど、私はその答弁に満足できない。でも、私が無神論者なのは、これだけが理由じゃないの。

この引用された箇所に続いてメアリーは、霊魂の不死性が神信仰に先行し、神への信仰が実は不死性への信仰によって動機付けられていることを指摘し、これを心理学的な問題として受け取るべきだと主張する。もちろんデイヴはそれに反論するのだが、メアリーは、おもむろに自分が唯物論者（materialist）であることを告白し、人間の心の過程は脳の過程ないしは状態にすぎず、「心は脳である」と断言する。それにデイヴがまた反論する……。

このように議論が続いていくのだが、その後第三者スティーヴが現れ、彼の仲裁を介して議論はますます深まっていくことになる。

この議論の経過をここでは、これ以上追うことはできない。ただ注意してほしいのは、実はデイヴ（Dave）が二元論者（Dualist）を、メアリー（Mary）が唯物論者（Materialist）を、そしてスティーヴ（Steve）が懐疑論者（Skeptist）をそれぞれ代表しているということである。各人のイニシャルが三つの立場のイニシャルに対応しているのは一目瞭然であろう。

ジェネイロは、この対話篇を哲学科と心理学科の学生のための心身問題入門書として書いたのだが、先に引用した冒頭の一節は、一般の人々が心身問題に興味をもち始める地点をうまく言い当てている。

さて我々は日常、心身問題をとりたてて意識することなしに、「そんな唯物論的な考え方じゃ精神的問題なんか解決できないよ」とか、逆に「この科学技術の時代に、そんなナイーヴな考え方なんて通用しないよ。心なんかどこ捜したってないし、ただ脳みそがあるだけじゃないか」と言ったりする。

先日、ＮＨＫの教育番組で臨死体験を取り上げていた。その中で実際に臨死体験をした人々は、みな二元論に傾き、物質的身体に対する魂の独立性を確信していた。そしてその中には医者も含まれていた。それに対して、脳科学者には臨死状況における体外離脱体験が、実は死に際の脳が特殊な神経機能（とりわけ側頭葉の）によって生み出す、幻覚の一種だと断じている人が多かった。リポーターの立花隆は、臨死体験の解釈を巡る、この二つの立場の分裂を、古くからの唯物論的一元論と物質‐精神二元論の対立を反映するものである、と番組の終わりに述べていた。しかし今ここで求められているのは、この二つの立場を調停する何らかの原理ないし観点である。立花もそのことに少し触れていたが、幾分二元論者の方に共感している様子がうかがわれた(6)。

さて、以上長々と一般的話題を挿入したのは、心身問題になじみの薄い読者に対するサービスであると同時に、これから説明するブンゲの一筋縄ではいかない一元論の立場を際立たせるためでもあるのだ。

ここでもう一度前掲（一九ページ）の**表1-1**を見てみよう。一元論が五つに、二元論も五つに分類され、計一〇個の立場が挙げられている。その中でM1とD1が最も不合理で、最初から無視してかまわないものだ、とブンゲは断言している。ちなみにD1の唯一の主張者であるウィトゲンシュタインのことを、ブンゲは厳密な哲学としての形式主義の敵だと言って非難し、嫌い抜いていたと言う。ウィトゲンシュタインの華々しい名声に比してブンゲの影は極めて薄いが、筆者はこれから隠れた優れ者ブンゲの思想を浮き上がらせようと思う。

ところでD2、D3、D5の三つの立場が一番一般人に受け入れやすいものなのではなかろうか。その意味では常識は基本的に二元論的だと言える。また唯物論と言ってもM3、M4、M5の三つに分けられる。「唯物論」という言葉は、ほぼ日常の慣用語となっており、多くの人は無反省に、「そんな唯物論的考え方じゃだめだ」とか言ってしまう。そして、この語は快楽主義とか物欲のイメージと結び付いて、半ば軽蔑の念を込めて使われることが多い。また唯物論的考え方を表明すると、浅はかで軽薄だと思われたりする。しかし、その意味での「唯物論（materialism）」はM3とM4には当てはまるが、M5には適合しない。もちろんM3とM4も科学者のとる観点として、そんなに単純なものではないのである。

さてM5は **emergentist materialism** と呼ばれ、この観点こそブンゲが自ら主張し、奨揚するものなのであるが、これから **emergentist materialism** は「創発主義的唯物論」とは訳さず、「創発主義的マテリアリズム」と訳すことにする。なぜなら、ブンゲの立場は基本的に物質に基礎を置くものであるが、「創発性」をも中核に据えるので、「唯物論」という訳語にはなじまないからである。

ところで「創発性（**emergence**）」とは、もともと生物学の領域で使われるものであるが、ブンゲ自身の簡潔な定義によれば、「創発」とは「新しい性質、または質的に新しい特性を有する事物が出現すること。特にシステムの創発的性質とは、そのシステム全体によって所有されてはいるが、しかしその成分の何れにも欠けている性質のことである[7]」。

例えば脳はニューロン（神経細胞）やグリア細胞、その他血管や髄液などから構成される一つの生物システムとしての臓器であるが、脳が生み出す思考や記憶や感情といった心的現象の性質は、個々のニューロンあるいは、その他の構成要素が単独では何れも所有していなかったものである。そこで、脳というシステムの生み出す心的現象は、脳を構成する個々の要素の総和ではありえず、それらに対して「創発的性質」をもつ、と言える。もちろん脳は一千億個のニューロンの形成する複雑な回路の中で生じる電気的‐化学的信号伝達を常に営んでいる。そして、それには様々な神経伝達物質が関与している。

人間の心的ないし精神的現象は、この高度に複雑な組成をもつ脳なしには生じない。マテリアリズムである限り、この点は譲れない。しかし心的現象の創発性を認める限り、それはやはり脳の莫大な数の構成要素とそれらが形成する超複雑な回路の物理‐化学的性質には「還元」できない、とこの創発主義的マテリアリズムは主張するのである。

分かりやすくするために、次のような例を考えてみよう。システムではなく水のような H_2O いう単純な分子構造の物質でも、その多様な性質は、この物質を構成するH（水素）とO（酸素）が単独では決して所有できなかったものである。また脳の構成要素であるニューロンの性質自体が、それを構成する様々な分子や、さらにその分子を構成する元素の性質には還元できない。

もちろん、水もニューロンもシステムとは言えないから、生物システムとしての脳との単純な類比は慎むべきだが、一つの物あるいは事柄が、それを構成する要素をくまなく探索しても、その本性を把握することはできない、という点に着目させるためには、この例は適当であろう。

ところで「創発性」という概念は生物進化の思想と深い関係をもっている。「創発」という概念は、もともと進化論において用いられていたもので、先行与件から予言したり、説明したりすることが不可能な進化・発展のこと

図1-1　心身問題についての主要な見解

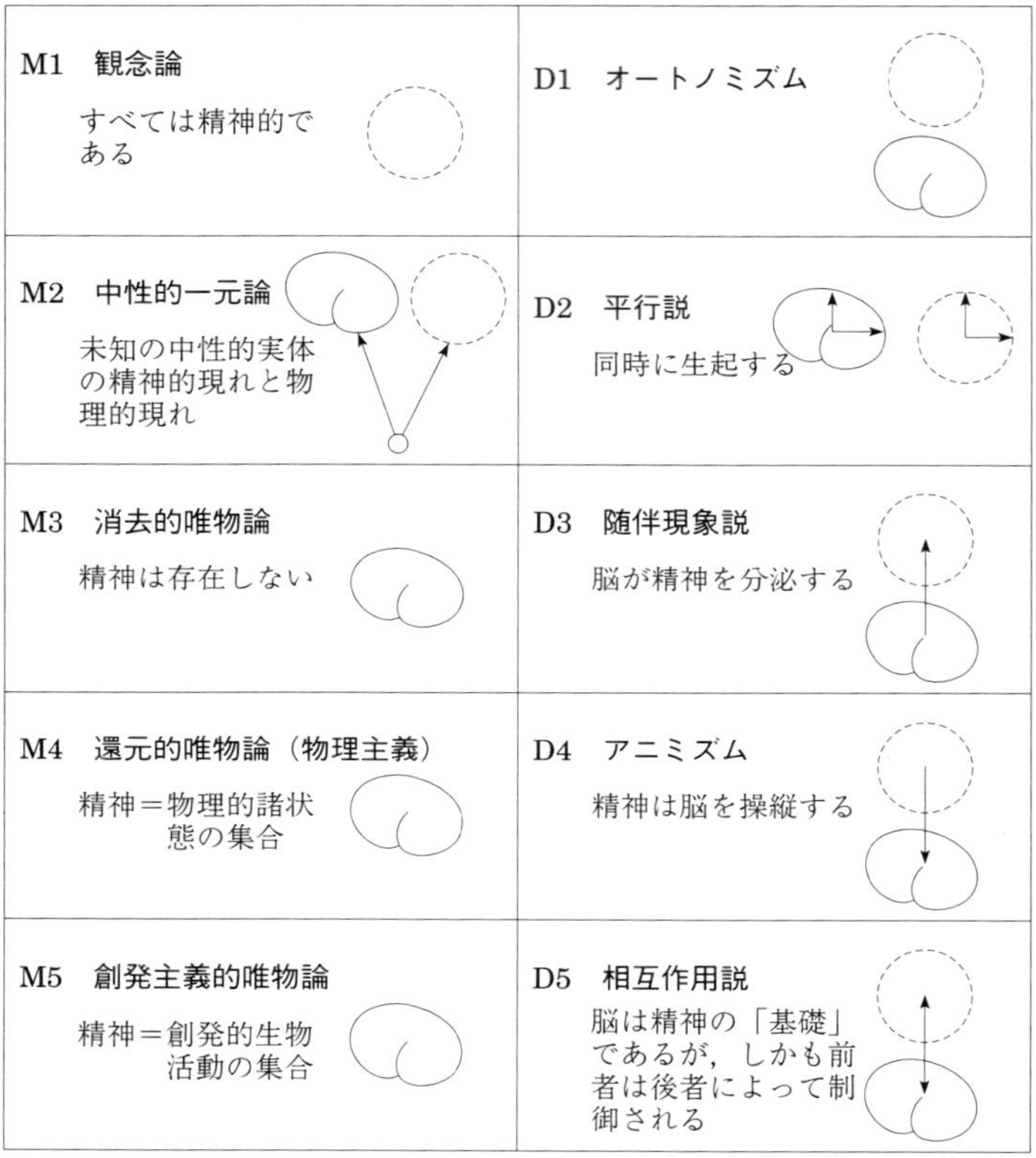

M1 観念論 　すべては精神的である	D1 オートノミズム
M2 中性的一元論 　未知の中性的実体の精神的現れと物理的現れ	D2 平行説 　同時に生起する
M3 消去的唯物論 　精神は存在しない	D3 随伴現象説 　脳が精神を分泌する
M4 還元的唯物論（物理主義） 　精神＝物理的諸状態の集合	D4 アニミズム 　精神は脳を操縦する
M5 創発主義的唯物論 　精神＝創発的生物活動の集合	D5 相互作用説 　脳は精神の「基礎」であるが、しかも前者は後者によって制御される

（注）点描された円は精神，脳の形は脳を表す。

を意味する。生物進化の歴史の中で最初の生命体の発生、神経系を備えた生物の出現、ヒトの出現など、幾つかの段階において、先行の諸状態に基礎は置いているものの、それらから直接予見できないような飛躍が認められるが、これこそ「創発」の典型例と考えられる。また英語の emergence には「既存のものの展開」という観念が包含されており、「創発」の基礎には、地球上の原初的な物質のうちに既に生命へ向かっての漠然たる方向性があるか、ないしは生命の創発する物質は物理学や化学の規定するものと違

っているという仮説が置かれる。(8)

もし我々が物質の物質性を物理学や化学が規定するものとしてのみ把握するなら、materialism は消去主義や還元主義（物理主義）となり、まさに心を排除する「唯物論」となるであろう。また materialism をそのように受け取るなら、心的現象に愛着を感じるものは二元論に固執したくなるであろう。しかし心的現象が深い意味で精神現象であることを理解し、物質性にも物理‐化学的規定に還元されないものを認めるなら、我々は創発主義的マテリアリズムをすんなり受け入れられるのではなかろうか。

我々は次に、ブンゲの論述に即して二元論と機械論的唯物論に対する創発主義的マテリアリズムの優位を説明することにするが、その前に、既述の心身論上の立場の分類をより明快にするために、ブンゲの右の図を見ておくことにしよう。(9)

3 創発主義的マテリアリズムの優位

ブンゲは創発主義的マテリアリズム、すなわち創発主義の精神神経的一元論を次の三つのテーゼに要約している。(10)
(a) すべての心的状態、出来事、過程は高等脊椎動物の脳内の状態、出来事、過程である。
(b) これらの状態、出来事、過程は脳内の細胞構成要素の状態、出来事、過程に対して創発的である。
(c) いわゆる精神物理的（つまり心身相関的）関係は、脳の様々な異なった諸システム間の、あるいはそれらのどれかと当の有機体の他の構成要素との間の相互作用である。
(a) はマテリアリズム的一元論のテーゼ、(b) は創発性のテーゼ、(c) は心身相互作用説の一元論的形態である。これらのテーゼを容認するなら、我々は生物学的基礎を離れることなしに心的諸現象について語ることができるようになる。

ここで「生物学的基礎」という点が重要である。二元論も消去的ないし還元的唯物論も、ともに脳を「物理的」なものと見なす傾向が強い。脳をもっぱら物理的なものと見なせば、非物理的な心は前者から二元論的に切り離されるか、唯物論的に消去ないし還元されるしかなかろう。それに対して脳を生物システムと見なせば、有機体の行動と心的状態が脳と密接な関係をもっていることを容認できるはずである。

そこでブンゲは次のように主張する[11]。

(1) 創発主義的マテリアリズムは、二元論とは異なり、心理学と他の諸科学、特に神経科学との相互関連を促進する。

(2) 創発主義的マテリアリズムは、変化しない心を仮定する二元論とは異なり、脳と行動の漸進的成熟を証明している発達心理学や神経生理学と一致する。

(3) 創発主義的マテリアリズムは、人間と動物の間に架橋不可能な深い溝を掘っている二元論とは異なり、人間だけが心を付与されてきたという迷信を論駁する進化論的生物学と一致する。

(4) 創発主義的マテリアリズムは、神経系の創発的性質や法則とその機能を無視し、いつの日にか物理学がそれらを証明し尽くすであろうということをドン・キホーテ的に信じている還元的唯物論とは異なり、心的なものの創発的性質を承認し、その性質はすべての科学の助力を得てアプローチされるべきである、と提案する。なぜなら脳は多重レベル的システムだからである。

さて、以上のうち(1)および(2)の二元論に対する創発主義的マテリアリズムの優位は、比較的分かりやすいであろう。二元論は、心的現象に言及する日常言語の曖昧な表現法をそのまま受け入れ、心的現象の性質を脳という事物から分離しようとする。つまり二元論者にとって心的現象は脳の状態たりえない独立自存の状態なのである。例えば、「私は心の中にXをもっている」、「彼は心を奪われている」、「肉体的にはそうでもないけど、精神的にはだいぶつらいね」といった日常的表現は、それを額面通りに受け取れば、物理的状態とは別次元の霊妙なニュアンスをもったものと考えられがちである。それは何よりもまず、主観によって直接体験される、生《なま》の現象そのものに言及しているのであり、この直接の所与こそ心的現象ないし心的状態である、と言いたくなるのであろう。しかしブンゲは、科学を直視した哲学は、現象ではなく実在にもっぱら関心を寄せるべきである、と主張する。この主張は次の事柄に関連させて考えると切実なものであることが分かる。

「あいつは気違いだ」とか「精神病って怖いね」といった発言は日常よく聞かれるものであるが、この何げない表現の背後に隠されているのは、実は二元論である。「あいつは気違いだ」とか「おまえは精神異常者だ」と言われる当の人物は、おそらく奇妙でアブノーマルな行動と思考ないし感情の様態を呈しているのであろう。彼は、もしかしたら臨床医学的に定義される精神病や神経症、あるいは器質性脳障害かもしれないが、単なる変わり者である可能性も大きい。ちなみに単なる変わり者は、人格障害に分類されることもあるが、この障害は医学的疾患と見なされないこともある。いずれにしても「気違い」とか「精神異常」という言葉は、奇妙でアブノーマルな「現象」を名指したもので、実在の次元に属す医学的基礎疾患は度外視されている。

しかし我々は胃や肺や腎臓の病気、あるいは事故による外傷に対して、このような「現象」と「実在」の区別をするだろうか。「精神病って怖いね」とは、まだまだ多くの人が内心抱いている想念である。しかし我々は多くの身体疾患について、それが「怖いね」などと言うだろうか。生命が危険にさらされるという意味で「こわい」と言うことはあっても、それは精神病者は放っておくと何をするか分からないから「怖い」のとは全く意味が違うのである。ただし身体疾患も、その実在の次元に属す器質的病変が解明されなかった、古い時代には、やはり精神病と同じ意味で恐怖の対象であった。これは特に著しく外貌を損ねる病気に対して顕著であり、ハンセン氏病に対する社会的差別はまだ記憶に新しいことであろう。ちなみに一九世紀中頃までは癌に罹患することの苦悩が社会的恥辱に等しかったという。

これらすべての偏見と差別は、「現象」にのみ着目し、その基礎に存する「実在」に関心を向けない態度に由来するのである。そして、この傾向は異常な精神的‐行動的現象に直面したとき最も顕著となるが、それは現代においても、あまり改善は見られない。おそらく、これは心的現象に関する日常言語の表現法のもつ吸引力によるのであろう。未だに心的現象は科学的研究の枠外に置かれるべきだとの考えが巷に存続し、この傾向は、精密な物質科学の専攻者にも保持されているから驚きだ。

ブンゲは、こうした傾向を危惧して次のように主張している。

「二元論は精神病を悪霊の取り付き、あるいは心の身体からの逃亡として以外に説明することができない。……したがって首尾一貫した二元論者が精神病に患った場合には、もっぱら魔よけや祈禱や言語による治療（例えば精神分析）に訴えるべきである。他方、精神神経的一元論者は、場合に応じて、手術や薬物療法や行動療法を受けてもよいと思っている(12)」。

生物学的分野での進歩が著しい現在の精神医学の臨床においても、単純な脳一元論が通用しない状況を顧慮すれば、ここでのブンゲの主張はいささか行き過ぎの感は拭えない。しかし異常な精神的‐行動的「現象」にのみ着目し、さらには自立的な非物質的実体としての「心」を想定する傾向を打破するためには、このぐらいの過激さがあっていいのかもしれない（このことはまた後で考察することにする）。

いずれにせよ、先の⑴⑵⑶の主張にあるように、二元論は心理学を神経科学に積極的に結び付けようとしないし、心の発達が神経発達過程に基づいていることを承認できない。そして人間と動物の質的区別を強調し、心の進化生物学的意味に対して目を閉じてしまうのである。

「二元論はよく言って非生産的であり、悪く言えば科学研究の障害となる。……とりわけ二元論は、心理学と神経生理学、精神医学と神経学、人間心理学と動物心理学との密接な関係に水をさす。そしてそれは、生理学的心理学、精神薬理学、進化論的心理学などのような研究分野全体と関係を絶っている[13]」とブンゲは言う。

しかし、意外なことに二元論は心に関して沈黙する行動主義、つまり消去的唯物論を許容するのである。しかも行動主義は、心的なものを消去することによって逆に二元論の手助けをする。これは、脳をもっぱら物理的機械と見なし、それに対して心を非物理的なものと考える傾向に由来しており、これが二元論と消去的唯物論の双方の主張の両立を可能ならしめているのである。両者の主張に矛盾はない。実は両者は同じ穴のムジナなのである。どちらも見落としているのは、人間の中枢神経系のユニークな性格であり、脳が物理的機械ではなく生物システムだということなのである。そして、ここに創発主義的マテリアリズムと機械論的唯物論（つまり行動主義と物理主義）の明確な分岐点が存する。この点を以下、説明することにしよう。

4 生物システムとしての脳

繰り返すが、ブンゲは materialism を消去的唯物論と還元的唯物論と創発主義的マテリアリズムの三つに分ける。

まず消去的唯物論は、心的なものは全く存在しない、万物は「物理的」という術語の厳密な意味において物質的である、と主張する。この教説は古代ギリシャ（デモクリトス、エピクロス）の原子論に淵源するが、この原子論によれば心（精神）は精妙な微粒子の集合体にすぎない。つまり心は究極的には物理的物質以外の何ものでもない、とされる。

消去的唯物論の最も洗練された形態は行動主義である。二〇世紀前半を風靡した行動主義の心理学においては、「心的現象」と一般に呼ばれるものは、実は外部から観察される「行動」に他ならないとされ、それゆえ内面的な心的状態は消去・否定される。しかし、この内面的心を消去する姿勢は、同時に神経系（脳）の機能を無視する態度につながった。したがって、この立場は最も浅はかな唯物論であり、心身問題の存在自体を否定するがゆえに、ブンゲは消去的唯物論こそ消去されるべきだ、と主張する。[14]

かくして我々には還元的唯物論と創発主義的マテリアリズムが残されることになるが、両説は消去的唯物論とは違い、「心」が独立した実体であることは否定するが、「心的なもの」が存在することは承認する。両説にとって、すべての心的状態（出来事、過程）は中枢神経系の状態なのである。ただし両説は中枢神経系の本性の規定において相違し、したがってまた心的状態を中枢神経系の過程として説明する仕方において異なっている。

還元的唯物論は物理主義とも呼ばれるが、この立場によれば、中枢神経系はただ複雑さの程度においてのみ他の物理的システムと異なっている物理的存在である。これは、脳が実は複雑なコンピューターにすぎない、という主張につながりやすい。それゆえ、この立場の人々は、心的なものの説明は物理的な概念や理論だけを必要とすべきである、と言う。[15]

それに対して創発主義的マテリアリズムは、「中枢神経系とは、物理的存在――特に機械――であるどころか、生体に特有な性質や法則、そしてさらに非常に特殊な――つまりすべての生物システムによって共有されているわけではない――性質や法則を付与された生物システム、つまり複合体である」[16]、と主張する。

還元的唯物論（物理主義）においては、脳は細胞の集合以外の何物でもないから、後者を知ることが前者を知ることになり、さらには心的なものを説明するのに必要かつ十分である、と主張される。しかし創発主義的マテリアリズムは、脳つまり中枢神経系を一つの生物システムとして捉え、それは単に細胞という構成要素の集合にすぎないのではなく、諸ニューロン（神経細胞）の結合回路を含む構造、ならびに環境を賦与されている、と考える。したがって、脳はその構成要素たる諸細胞には欠けているような創発的諸性質――知覚し、感じ、想起し、想像し、意志し、考えることができるという能力――を賦与されたシステムとなっているのである[17]。

心的なものが、脳の物理的組成に対して「創発的」である、と言うのはこの意味においてである。そして、これは特殊な「生物学的創発性」を含意する。そこでブンゲはあえて「中枢神経系の心的性質（mental properties）」[18]という表現までしている。そしてこの性質は、長期間にわたる生物進化の過程の「或る時点」に現出したものであるがゆえに、彼は次のように主張する。

「中枢神経系の機能を説明するためには、物理学と化学が必要であるにもかかわらず、それらだけでは十分ではない。一般生物学だけでも十分ではない。つまり我々は、中枢神経系が当の動物の心臓血管系や消化器系のような下位システムと共有している性質や法則だけではなく、中枢神経系に特異的な創発的性質や法則を知る必要があるのである[19]」。

さて、消去的唯物論（行動主義）と還元的唯物論（物理主義）は、ともに機械論的唯物論として特徴付けることができる。行動主義は、「心的なもの」を入力（刺激）に対する出力（反応）としての「行動」へと解消しようとする。したがって入力と出力の間に存する内的な認知‐感情的過程は無視される。つまり、入力と出力の間に存する心的過程は、それを可能にする脳の特異的な神経機能とともにブラックボックスへと追いやられてしまう。物理主義においては、入力と出力の間に介在する過程は無視されないものの、脳の諸成分の生物学的特異性が物理‐化学的性質へと還元されてしまうので、やはり先述のような中枢神経系の心的性質は無視されてしまう。そこで、これら二つの機械論的観点から必然的に帰結するのが、脳のコンピューター・モデルである。

ブンゲは脳のコンピューター・モデルが次の六つの点で誤っている、と主張する。[20]

(i)それは、ニューロン・システムに固有な生化学・生物学的諸性質を無視している。(ii)それは、夢見ていることや、幻覚に陥ることや、創意工夫することにおいて明示的となるニューラル・システム(サイコン)の自律的活動を無視している。(iii)それは、ニューロン間の結合の可塑性を無視している。(iv)それは、すべての心的機能を単一の機能(つまり計算と情報処理)へと還元してしまう。(v)それは、人間の脳の創造性を無視している。(vi)それは、発達と進化を無視している。

まず「サイコン」という聞き馴れない語に注意しよう。「サイコン(psychon)」とはブンゲの造語らしいが、彼はそれを「可塑的なニューラル・システム」を指し示す語として使用する。あるいは「心的活動を営む(mentating)ニューラル・システム」[21]とも定義している。そこで、あえて訳せば「心的単位(単位的な心的事象)」となろう。なぜなら彼はニューロン(neuron:神経細胞)を「神経的アトム」と言い換えているからである。

ところで、二元論の主張で有名な神経生理学者のJ・C・エックルズもまた最後の著書で「サイコン」という語を多用しているが、彼はブンゲが純粋にマテリアリズムの概念である可塑性をもった神経系のためにギリシャ語のpsyche(霊魂、心)から造られた「サイコン」という語を使用するのは間違いである、と言っている。つまりエックルズは「サイコン」という語を純粋に心的な特性を記述するために使うのであり、それゆえブンゲは自らの概念を表すために、psycheから造られた「サイコン」ではなく、plastikos（形造られるもの、可塑的なもの）に由来する「プラストン」を使用すべきである、と考えるのである。[22]

確かにエックルズが指摘するように、精神神経的一元論を主張し、メンタリズムを排斥するブンゲがサイコン（心的単位）という概念をもち出すのは、自らの立てた厳密な公準に反しているように思われる。しかしエックルズという人は、もともと精神と物質の二元的割り切りの傾向が強すぎて、この両者を媒介する生物学的「生命」の次元には盲目だった。そして彼がブンゲの「マテリアリズム」と言う場合、それはほとんど還元的 - 物理主義的「唯物論」と同じ意味で使われているのである。したがってエックルズは、ブンゲの創発主義的マテリアリズム（＝精神生物学）が言わんとしてる「心の生物学的創発性」の真意をくみ取ろうとしていないのである。

なお、ギリシャのpsycheはもともと、mind（心）やsoul（魂）の意味では使われていなかったのであり、むしろlife（生命）を意味し、この傾向は生物学の創始者たるアリストテレスにおいて顕著であった。そして、このことに「脳の神経可塑性」ということが加味されるべきである。

脳の神経「可塑性（plasticity）」とは、生物のもつ脳の神経回路が発達の途上で環境からの情報入力の影響下で自由にその編成を変えることを意味する。そして、この回路の編成は、具体的には脳内に一千億個存在するニューロン（神経細胞）が、それぞれ所有する軸索（神経繊維）と他のニューロンの樹状突起の間を取り結ぶシナプスの発生と消滅によってなされる。例えば、同種の生物が極めて少ない環境に育ち、それゆえ情報入・出力が貧困な成長過程をもった個体の脳は、新しいシナプスの形成が芳しくなく、神経回路の編成も複雑さを欠くものとなる。このことはラットを使った実験で確証されているが、人間でもアヴェロンの野生児などの顕著な例が存在する。

ところでヒトの脳はあらゆる生物の中で最も可塑性に富んだものであり、しかもそれは群を抜いている。そして、このヒトの脳の高度の可塑性こそ、心の生物進化的「創発」を可能にしたものなのであり、ブンゲが自らのマテリアリズムないし一元論の公準を幾分犯しつつも、「心的活動を営む可塑的なニューラル・システム」に「サイコン」という呼び名を当てたことは、決して自己撞着として非難されるべきものではないのである。むしろサイコンという概念を堅持する姿勢こそ、ブンゲのマテリアリズムが精神生物学的なものとして、決して「唯物論」という訳語を受け付けないことの証しだと言えよう。その意味では、我々は常に彼の「創発主義的マテリアリズム」が「創発主義的精神生物学」であることを銘記すべきなのである。

二元論者エックルズにとっては「プラストン（可塑的なもの）」と「サイコン（心的単位）」という二つの概念は相容れないものであろう。彼は何と言っても精神と物質を媒介する生物学的「生命」の次元に対して盲目的なのであり、それゆえギリシャ語の psyche の意味する生命性を無視してしまうのである。それに対してブンゲは明らかに脳を生きたもの、つまり生物システムとして捉え、それが高度の神経可塑性によって、単に情報を処理するだけではなく、情報を発生させる機構をもつものとして理解している。つまりブンゲにとって人間の脳は、生ける情報システム、つまり情報生物システムなのであり、自律的で創造的な情報処理を営む生体の機関（器官）なのである。この情報生物システムは、いかなる高性能のコンピューターとも質的に区別されるべきものである。コンピューターの行う情報処理は、決して人間の生物学的「心」を生み出すことはできない。それゆえ「もし我々が心を理解したいと思うのであれば、我々は機械よりも動物を研究した方がよいであろう」[23]。

ブンゲが人間の脳を情報生物システムと呼ぶのには、次の理由も加味されている。それは、人間の脳が、脊髄を伴ったものとして「中枢神経系」であり、さらにこの中枢神経系は末梢神経系と内分泌系との親密な相互作用において、首から下の身体全体と切っても切り離せない関係をもつものとして、コンピューターとは質的に区別される情報処理を行うことになる、ということである。そしてこの区別には、感情という心の要素と生化学的・体液学的な有機体の要素が深く関係している。また、ブンゲが繰り返し使う「高等脊椎動物の行動、心」という表現も重要である。

ヒト（Homo sapiens）は、生物進化の先導役を果たしてきた脊椎動物の最も進化したものである。それは、直立歩行と秀でた額（発達した前頭葉）とその額の下に位置する、正面を向いた二つの眼に、進化の形態学的象徴性を見事に表出している。そして、この見事な形態の高等脊椎動物は、言語という高度な情報交換（コミュニケーション）の機能（手段）を獲得することによって、「社会」という高度の生物共生システムを生み出すに至った。ブンゲは言う。「知性的な脳は、自然的環境を改変するのみならず、他人の脳に作用を及ぼすことによって社会的環境を改変しうるところの、有能な舌を制御する。そしてそのように変化させられた自然的・社会的環境は、今度は、その当の自然的・社会的環境の中にさらに新しい変化を引き起こしうるところの、新しい個体を形成するのに寄与するのである[24]」。

ブンゲによれば、人間を人間たらしめるのは、「生物的、心理的、社会的諸性質の機能的システムの全体」なのであり、これら三つの性質は決して分離できない[25]。しかるに還元主義者たちは社会的レベルを無視し、心理学を神経生理学へと還元しようとする。それに対してブンゲは、心理学の神経生理学への還元を部分的なものにとどめ、社会科学の協力を要求し、それによって心身問題を生物‐心理‐社会の統合的レベルで解決しようとするのである。

しかしその際注意すべきなのは、還元主義と同時にメンタリズムも拒否されることである。メンタリズムとは、心的現象を、脳過程とそれに関する神経生理学の説明を一切無視して、純粋に心的述語だけで説明しようとする立場のことであるが、この立場が還元主義以上に排拒されるべきなのは、先述の通りである。ちなみに、すべての二元論と観念論的一元論（**図1-1**のM1とD1〜D5）はメンタリズムに分類される。

確かに社会的な高等脊椎動物（霊長類）である人間の行動や心的営みを説明するためには、目的や創造性といった心理学的カテゴリーの助けを必要とし、かつ社会的変数を扱うことが要求される。しかし、そうした心理-社会的次元も、生物学から全く独立したものとして考えてはならないのである。

ブンゲは『心身問題』の結末を次のような力強い言葉で締め括っている。

「創発主義的マテリアリズムだけが、すべての科学からのバック・アップを受け、心身問題のために無理やり虚構されたものではなく、また実行不可能な還元主義を鼓舞することもなく、しかも陳腐で不毛な哲学やイデオロギーによる妨害から神経科学と心理学を擁護している唯一の哲学である。そして実はそうすることによって創発主義的マテリアリズムは、人間の自由と創造性を擁護しているのである。つまり人間は、予めプログラム化された機械でも、意のままに条件付けられている鳩でもなく、全く創造的な唯一の動物、良かれ悪しかれ自分自身の知識や予見の光の下で、心的なものに関する科学を創造し、そして自分自身の生活を形成しうる唯一の動物である、ということを」(26)。

5 精神医学批判と幻影肢解釈

確かにブンゲの精神生物学としての創発主義的マテリアリズムは、優れた心身論上の立場である。しかし、彼のこの立場が心身問題のすべてを解決してしまうわけではない。それは彼自身も認めており、創発主義的マテリアリズムが心身問題の科学的研究の「足場」だけを与える哲学だと彼は明言している。

我々に与えられた課題は、科学と対話しながら、アクチュアルな次元で心身問題を解決する、というよりはそれと取り組むことである。そのために我々は後で、精神医学における心身問題の意味を考察する。そこで我々は、精神医学に対するブンゲの批判を検討することにする。またブンゲの立場は確かに精緻だが、現象学派の心身論で言われる「生きられる身体」や「身体の世界内属性」の観点が全く欠如していることが気に掛かる。次章ではメルロ゠ポンティの現象学的心身論を取り上げることにするが、その際「幻影肢」の現象がクローズ・アップされることになる。そこで、ブンゲのこの現象に関する若干の発言も、ここで検討しておくことにする。

まず精神医学に関するブンゲの批判を取り上げよう。

精神医学へのブンゲの言及はあまり多くないが、それが心身二元論とメンタリズムに依拠している限り、彼はその姿勢を徹底的に批判する。

既に引用したように彼は、「二元論は精神病を悪霊の取り付き、あるいは心の身体からの逃亡として以外に説明することができない」と考えている。それに対して精神神経的一元論の公準に従えば、「すべての精神障害は神経的障害である」[27]ということになる。そこでブンゲは言う。「つまり〈器質的〉障害だけでなく、〈機能的〉障害もまた神経組織の障害である。——必ずしも細胞レベルの障害であるというわけではないが。したがって神経学、精神医学、臨床心理学という現行の区別は自然ではない」[28]。

ブンゲによれば器質的障害と機能的（ないしは行動的）障害を区別する標準的な二分法ならびに、それに伴う神経学と精神医学への仕事の区別は精神神経的二元論によって鼓舞されている。それに対して「精神物理的（psychophysical）二元論によれば、すべての心的状態は、正常なものであれ異常なものであれ、器質的なものである。それらはすべて中枢神経系の状態なのであるから。精神障害に相違があるとすれば、それは器質的障害と心理学的障害ではなく、細胞レベルで生じた病気（例えばドーパミンの欠乏や甲状腺の異常）とシステム（あるいは下位システム）・レベルでの病気――つまり異常な結合――との相違である。人間の皮質の大きな部位は可塑的なので、システム・レベルや行動レベルの障害ではない限り、再学習（例えば行動療法や単なる環境の変化）によってしばしば治療されうる。他方ニューロン・レベルの病気は、生化学的（あるいは精神薬理学的な）アプローチを要求する」[29]。このように考えるブンゲは、精神病の器質的／機能的（心理学的、行動的）という二分法を次のような分類によって代替することを提案している[30]。

- 精神障害
  - 細胞レベルで生じるもの
    - 先天的（癲癇、フェニールケトン尿症など）
    - 退化による（多発性硬化症、老衰など）
  - システムレベルで生じるもの
    - 損傷による（衝撃による失語症など）
    - 学習された（不安、恐怖症など）

さて、精神障害には様々な分類があるが、そのうち最も基本的なのが、ブンゲも取り上げている器質的障害と機能的障害の二分法である。

器質的障害とは、脳を構成する細胞ならびに細胞の集合からなる組織の実質が冒され、病変することに由来するものであるが、その病変は死後の病理学的解剖において肉眼的に確認されるものがほとんどである。つまり器質的な精神障害は脳実質の進行性の粗大な病変に因るものなのである。そして、この障害においては心理学的契機は、ほとんど関与しないと見なされる。ちなみに、この障害の代表はアルツハイマー病とか神経梅毒性の進行麻痺であるが、事故による外傷や脳腫瘍に由来する精神障害も含まれる。

それに対して機能的障害とは、脳実質の粗大な病変を伴わない精神障害であり、その多くが心理的原因、あるいは生来の性格や体質に因ると見なされている。そして、この障害に分類される患者の脳は死後の病理解剖において肉眼的にはもちろん光学顕微鏡下でも、目立った特徴的病変は見いだされない。しかし生存中の精神症状発現の際には、脳内の神経化学的ならびに電気生理学的アンバランスが一過性に生じている。それは何に由来するかと言うと、古くは生来の性格とか体質が挙げられたが、分子生物学が発達した現代的視点から言うと、神経細胞の核内に存在するＤＮＡの分子レベルでの欠損ということになる。しかし、この超ミクロの次元での物質組成のアンバランスは、必ずしも「疾患」に直結するものではない。例えば、怒りっぽい人とか飽きっぽい人とかひどく好色な人も、それぞれ相応の神経細胞内ＤＮＡの分子構造（塩基配列）のアンバランスを抱えているのであろうが、そのアンバランスは「疾患」に直結するものではないのである。換言すれば、超ミクロのレベルでの物質組成のアンバランスは、機能的障害を即、器質的障害に還元するものではないのである。

したがって器質的障害と機能的障害の区別は、疾患分類の大まかな指標として、やはり妥当性を有していると思われる。ちなみに、機能的障害も長く続けば器質的病変に移行するようになる。また器質的／機能的障害という区分は、もともと〔身体医学の〕病理学においてなされたものであるが、精神医学においてはこの区分が身体因（器質因）と心因（環境因）の区別と関係して、やっかいな問題を引き起こすことになる。つまり、器質的な精神障害は身体因に因るが、機能的な精神障害はもっぱら心因に因るものと見なされ、しかもその場合、心因が器質的‐身体的なものから切り離されてしまうのである。そして、この二元論的傾向が強まれば、それはまさしくブンゲが非難するメンタリズムの精神医学の跳梁につながることになる。

　ブンゲはメンタリズムの精神医学の中でも、とりわけ精神分析を激しく攻撃しているが、彼は、精神分析の創始者フロイトが神経学の出身であるにもかかわらず、あえて深層心理学的精神医学への道に進んだことを知っていたのだろうか。フロイトが、そのような転向を選んだのは、何よりも心理臨床の現場における要請に応えるためだったのである。そして、非科学的である、との非難にもかかわらず、精神分析は心理臨床の現場で風雪に耐えて生き延びてきた。また精神病理学や臨床心理学に寄せられる期待は今日、精神科のみならず一般の身体医学の諸科でも大きくなっている。例えば、サイコオンコロジー（精神腫瘍学）やサイコネフロロジー（精神腎臓病学）、あるいは死に臨む患者や慢性病に打ちひしがれる患者の心のケアという形で。また大災害時のストレス症候群に対しての心のケアの重要性もますます認識されてきた。ブンゲはＰＴＳＤ（心的外傷後ストレス障害）もまた器質的‐神経的障害だと言うのだろうか。

　こうした現状からブンゲの主張は、あまりに論理的に割り切りすぎているように思われる。つまりブンゲは自ら立てた精神神経的一元論の公準に、ひたすら論理的に忠実たらんとしているようだが、現実の臨床的経験は、そう一筋縄ではいかないのである。

　医学は、自然科学であると同時に人間学であるという側面をもち、「臨床の知」というものを要求する学問である。しかも、それは学問であるにとどまらない「医療行為の実践」である。この実践は金銭欲に駆り立てられていることもあるが、たいていは隣人愛に由来するものであろう。

　また、ブンゲは精神障害の器質的／機能的という区分のみを取り上げているが、ドイツ医学流の外因／内因／心因の区別に対しては、どういう見解を表明したか、は興味のあるところである。ちなみに外因性精神障害は器質的精神障害とほぼ同じとなり、内因性と心因性のものは一応機能的精神障害に対応する。しかしドイツでは精神分裂病と躁うつ病に代表される内因性精神障害（狭義の「精神病」）は、もともと器質的とも機能的とも言えず、はたまた純粋に身体因的とも心因的とも言えない、どっちつかずの疾患であるとされてきた。確かに、どちらかというと器質的で身体因的だと考えられてきたにもかかわらず、そうなのである。

このことは精神医学に心身二元論克服という課題を突き付けた。しかし、この二元論克服はブンゲの提唱する精神神経的一元論ないしは創発主義的マテリアリズムのそれとは、いささか志向を異にしているように思われる。

筆者は基本的にブンゲの創発的一元論の哲学の主張に賛同するが、こと精神医学に関しては、もう少し熟慮して欲しかった、と残念に思う。心（ないし精神）と脳の創発関係は、よりシステム論的に、つまり生物‐心理‐社会の三位一体構造において捉えられるべきだったのである。その場合、「心的なもの」は、有機体（脳はその一部である）と環境との相互作用から生じるものと捉えられ、精神生物学はよりダイナミックな次元に切り込んでいったと思われるのである（このことは次章以下、とりわけ第3章で詳しく論じることにしよう）。

次に、以上のこととも関連する「幻影肢」へのブンゲの言及を取り上げることにする。

幻影肢とは、外傷や手術によって失われた肢体あるいは肢体の一部がまだ残存していると感じる、身体幻覚のことである。幻影肢は一般に急激に四肢が切断された際に感じられるものである。患者は失われた腕や脚の先端部に鮮烈な痛みを感じたりするが、これを幻影肢痛と言う。幻影肢の成因に関しては末梢説、中枢説、心因説があるが、定説はない。

ところでブンゲは、やはり自らの精神神経的一元論の公準に従って、幻影肢の中枢説を採っている。彼は幻影肢現象について、可能な神経生理学的説明を四つ挙げている。[31]

まず第一の説明は、「幻影肢現象は四歳以前には見いだされず、学習されるものに違いないが、それは切断以前に当の手足から入来してくる信号を常に記録していた皮質の体性感覚写像の領域が活性化したためだ」、とするものである。次に第二の説明は、「切断後、末梢部位から入来してくる通常の感覚入力は全く存在しないにもかかわらず、同一の興奮が諸ニューロンの自発的発火によって当該経路に非常に激しく生じることがある」、とするものである。さらに第三の説明は、「断端部の神経末端は第一次的受容器ではなく、伝達器なのであるから、それがいかに刺激されようとも、或る種の情報——例えば〈右足の親指の痛み〉——だけを伝達することができる」、とするものである。最後に第四の説明は、「その現象は、我々がペン先に生起している事象を我々の指先にではなく、まさにペン先に生起していると感じるときのように、投射的な種類のものである」、とするものである。そしてブンゲは言っている。「結局どの説明が正しいということになるにせよ、それが我々に語ってくれると思われることは、幻影肢を経験している患者の中枢神経系に何が生起しているか、であって、〈彼の心に〉何が生起しているか、ではない(32)」。

ブンゲはここで、幻影肢の経験を「中枢神経系」と「心」の二分法から考えてようとしている。もちろん彼は精神神経的一元論の公準に則って、中枢神経系こそ幻影肢経験の「座」だと判断するわけである。しかし幻影肢が特殊な「身体」幻覚であり、それが「身体図式」に密接に関係しているのは周知のことである。

身体図式とは、各人が自己の身体についてもつ表象ないしは空間像のことである。それが大脳皮質（頭頂葉・前頭葉後部）の体性感覚・運動領野の神経活動に基づいていることは確かだが、同時に日常の全身的運動や環境世界への身体の関わりとも密接な関係をもっていることも忘れてはならない。つまり、身体図式と密接な関係をもつ幻影肢の現象を考える際には、どうしても身体の世界内属性といったものを顧慮せざるをえないのである。そして、この身体の世界内属性、換言すれば「生きられる身体」の立場からすれば、心身二元論は超克されることになる。しかし、この心身二元論は、ブンゲのそれとはいささか趣を異にする。ブンゲにとって問題なのは、常に中枢神経系（脳）と心の二元論の克服であるが、脳と心の双方を含み込んだ包括的現象としての「生きられる身体」は彼の視野には全く入ってこない。つまり我々がペン先に生起していることを、我々の指先にではなく、まさにペン先に生起している、と感じるのは、我々の身体が皮膚の外延を越えて脱自的に環境世界へと関与していることを意味しているのだが、彼はそれに注意を払わないのである。

これはシステム論的精神生物学の立場を標榜する彼にとっては全くの落ち度であろう。ブンゲの創発主義的精神生物学は高等脊椎動物たる人間の中枢神経系の高度の可塑性に注目し、物理主義的還元を否定しつつ、神経活動の社会的次元を顧慮するが、結局、脳を含み込んだ身体全体の世界内属性のことは置き去りにしてしまった。人間の精神現象は、世界内属的身体全体の神経活動から創発するのであり、中央コントロール・タワー（中枢神経系）たる脳だけでは生起しないのである。しかし、やはり脳は重要である。そこで我々の課題は、あくまで非-唯脳論的な、精神生物学的脳理論を構築することとなる。我々はそのために、次章ではメルロ＝ポンティの現象学的心身論を考察することにする。そしてその際、焦点が当てられるのは「幻影肢」の解釈である。

註

（1）M. Bunge, *The Mind-Body Problem : A Psychobiological Approach*, Pergamon Press, Oxford, 1980.（黒崎宏・米澤克夫訳『精神の本性について——科学と哲学の接点——』産業図書、一九八二年を随時参照した）

（2）M. Bunge, *op. cit.*, p. X.

（3）M. Bunge, *op. cit.*, p. XV.

（4）M. Bunge, *op. cit.*, p. 3.

（5）R. J. Gennaro, *Mind and Brain: A Dialogue on the Mind-Body Problem*, Hackett Indianapolis/Cambridge, 1996, p. 1.

（6）より詳しくは、立花隆『臨死体験（下）』文春文庫、二〇〇〇年、三〇〇ページ以下を参照。

（7）M. Bunge, *op. cit.*, p. 224.

（8）このことに関してはT・S・ホール『生命と物質』上・下巻、長野敬訳、平凡社、一九九二年を参照。

（9）M. Bunge, *op. cit.*, p. 9.（邦訳の一二ページ）

（10）M. Bunge, *op. cit.*, p. 21.

（11）M. Bunge, *op. cit.*, pp. 24f.

（12）M. Bunge, *op. cit.*, p. 18.

（13）M. Bunge, *op. cit.*, p. 19.

（14）M. Bunge, *op. cit.*, pp. 5f.

（15）M. Bunge, *op. cit.*, p. 6.

（16）M. Bunge, *op. cit.*, p. 6.

（17）M. Bunge, *op. cit.*, p. 8.

（18）M. Bunge, *op. cit.*, p. 6.

（19）M. Bunge, *op. cit.*, p. 8.

（20）M. Bunge, *op. cit.*, p. 60.

（21）M. Bunge, *op. cit.*, p. 90.

（22）J・C・エックルズ『自己はどのように脳をコントロールするか』大野忠雄・齋藤基一郎訳、シュプリンガー・フェアラーク東京、一九九八年、一二〇ページ

(23) M. Bunge, *op. cit.*, pp. 63f.
(24) M. Bunge, *op. cit.*, p. 207.
(25) M. Bunge, *op. cit.*, p. 207.
(26) M. Bunge, *op. cit.*, p. 219.
(27) M. Bunge, *op. cit.*, p. 75.
(28) M. Bunge, *op. cit.*, p. 75.
(29) M. Bunge, *op. cit.*, p. 79.
(30) M. Bunge, *op. cit.*, p. 79.
(31) M. Bunge, *op. cit.*, p. 117.
(32) M. Bunge, *op. cit.*, p. 117.

第2章 メルロ＝ポンティによる幻影肢解釈をめぐって

メルロ＝ポンティは一九〇八年生まれのフランスの哲学者である。彼はフッサールが創始した現象学を、特に身体論の側面で大きく発展させたが、同時に創始者よりもはるかに経験科学との積極的な対話を試み、現象学的哲学に生き生きとした具体性の次元を切り拓いた。これはまさに、我々が本書の序において提唱した「アクチュアルな問題に取り組む姿勢」を体現している。

メルロ＝ポンティはフランス最高の高等教育機関の一つである「高等師範学校（エコール・ノルマン・シュペリユール）」の出身だが、専攻は言うまでもなく哲学であり、彼の主著と目される『知覚の現象学』（一九四五年）ならびに、それに若干先立つ『行動の構造』（一九四二年）の二著によって哲学博士の学位を取得している。この二著を繙くとき、我々はメルロ＝ポンティの豊富な科学的知識とともに、それを自らの現象学的身体論ないし心身論の舞台に取り入れて、有機的な議論を展開する、その手腕に驚かされる。

彼は先述のように哲学専攻であり、二二歳のときに哲学の教授資格試験に合格し、各地の高等中学校（リセ）の哲学教授からリヨン大学の講師、教授へと遍歴した後、四一歳でパリ大学文学部教授となったが、その際彼が担当した講座は児童心理学と教育学であった。

ところで、前章で取り上げたマリオ・ブンゲは理論物理学出身の典型的な科学哲学者であった。それに対してメルロ＝ポンティは、いわゆる「科学哲学者」の範疇に括られるタイプではなく、人間学的関心の強い哲学者として、経験科学のデータを現象学的議論に取り入れた人であった。彼が好んで取り上げるのは、精神医学（特に精神病理学、精神分析）、脳病理学（神経心理学）、生理学（神経生理学、条件反射学）、ゲシュタルト心理学、発達心理学などである。

確かに一見、物理学出身で数学的定式化と論理学を偏愛するブンゲと、人間学的科学論者たるメルロ＝ポンティは、あまり共有点をもたないように思われる。しかし、この二人に共通することは、何よりも偉大な心身論者だった、ということである。我々は、この二人を二〇世紀における心身問題の大御所と呼ぶことに、何のためらいも感じない。今世紀への、この問題の継承のためにも、この二人の論点の対比は必須だと思われる。しかし、ここではメルロ＝ポンティの心身論の全容を紹介することはできない。我々は前章の末尾で予告したように、幻影肢現象の解釈に焦点を当て、そこから現象学的心身論の意義を明らかにする。そして、それによってブンゲの心身論の不備を補い、次章以下の考察への橋渡しとしようと思う。

1　幻影肢の現象学的解釈

メルロ＝ポンティは『知覚の現象学』の第一部・Ⅰ「対象としての身体、および機械論的生理学」の中で幻影肢について語っている。メルロ＝ポンティのこの主著の根本的意図は、客体的世界の手前にある「生きられる世界」に立ち戻ることであり、そこからして心理的なものと生理的なものの間としての人間的実存の諸現象が解明されるのである。そして、この心理的なものと生理的なものの「間」たる人間的実存様態の要となるのが、「生きられる身体」ないしは「世界内属的身体」と呼ばれるものなのであり、これは解剖学をも含む広い意味での機械論的生理学が捉える「対象としての身体（物体身体）」とは区別されるのである。

メルロ＝ポンティは言っている。「私が生きた身体の機能を了解することができるのは、ただ私が自らその身体の機能をまっとうすることによってのみであり、また私自身世界へと立ち向かう一つの身体である限りにおいてのみである」(1)。さらに彼は続ける。「身体の意識は身体全体に浸透しており、身体のどの部分にも精神が拡散していて、身体の行動は身体の中枢部門をはみ出してしまっているわけだ（2）」。

しかし、こうした身体把握に対して当然予想されるのは、その主張する「身体経験」なるものも結局は一つの「表象」ないし「心的事実」として、物理的・生理的諸事象の一連鎖の末端に位するのであり、後者こそ「現実的身体」なのだ、という反論である。この反論は、現象学的な「生きられる身体」というものについて考えたことがなかった人には、もっともなことに思われよう。常識の立場、つまり経験的な自然主義的態度からすれば、身体はまさに生理学的物質性によってくまなく規定されるものであり、心ないし精神は、たとえそれが物質的身体に基づいていようとも、やはりそれとは別次元の「非物質的なもの」なのである。つまり常識は基本的に二元論なので、唯物論的な立場をとるにせよ観念論的な視点に立つにせよ、「身体は身体、心は心」あるいは「物質は物質、精神は精神」という二分法に執着し、そこから一歩も外に出れない。したがって、唯物論者も観念論者（唯心論者）も、心理的なものと生理的なものの「間」である「生きられる世界内属的身体」といったものに決して着目できないのである。また、この「間」であるということは、「両義的」である、ということでもある。つまり人間的実存の諸現象は、心的であり、かつ同時に物理的でもあるのだが、その際「心的」と「物理的」は矛盾対当の関係にはなく、両方の相は人間的実存の世界内属存在（être au monde）において、もともと統合されていたものである、と捉えられるのであり、これこそ「両義性」の意味するものなのである。

これは、我々が日常体験している心身相関の事実に思いを馳せるなら、即座に了解されよう。「心的なもの」と「物理的なもの」は、決して矛盾対当の関係にはない。矛盾対当の関係にあるのは、常に「心的なもの」（P）と「非 - 心的なもの」（～P）、そして「物質的なもの」（M）と「非 - 物質的なもの」（～M）なのである。それに対して、「心的なもの」と「物質的なもの（物理的なもの）」は、もともと同一のものたる原初的現象（原事態）の呈する二つの側面として理解されるべきである。

メルロ゠ポンティは、まさにこの両義性の観点から「幻影肢」現象を理解している。その際、一方的な生理学的説明と、これまた一方的な心理学的説明の双方が批判されることになる。

まず、身体の意識と精神を押しのけてしまい、それを身体の諸器官から大脳への神経連絡の働きに還元しようとする機械論的生理学は、四肢切断手術を受けた患者が脚の幻影肢を感じるのは、精神が大脳とだけ結合しているからだ、と断定する。しかし、この場合、まだ「末梢説」と「中枢説」のどちらが正しいかは裁定されていない。つまり、切断された脚の断端の神経腫が異常な神経シグナルを大脳へ送っているから幻影肢が生じるのか、それとも大脳の体性感覚・運動中枢が幻影の脚を構築しているのか、は決定されていない。

この点に関してメルロ゠ポンティは、コカイン麻酔が幻影肢をなくさず、逆に切断手術なしにも、大脳損傷に引き続いて幻影肢が現れるという事実に言及しつつ、「中枢説」に目を向ける。しかし、「中枢説といえども、それが幻影肢の末梢的諸条件に大脳における痕跡を付け加えるだけのものだったなら、何ら我々を裨益するところはないであろう。なぜなら、大脳の痕跡の総体は、幻影肢現象に介入してくる意識の諸現象を描き出すことなどできないであろうから。実際には、それは〈心的〉諸決定因の方に依存してしまっているのである」(3)。例えば、負傷時の情動や情勢が再現されたとき、幻影肢が鮮烈なものになったり、自分が切断手術を受けたという事実を素直に認めたときに幻影肢が断端の中にまで収斂し、消失してしまうことがある。そこで幻影肢の現象も心理学的説明を必要とする疾病失認の現象によって解明されうることに、メルロ゠ポンティは注意を促している。しかし幻影肢は、記憶とか意志とか信憑として、もっぱら心理学的説明に服すべきものなのだろうか。そうではない。「どんな心理学的説明とても、脳に通じている感受的伝導路を切断すれば幻影肢が消失するという〔生理学的〕事実を無視することはできない」(4)のである。したがって心的決定因と生理的条件がどのようにかみ合っているかが了解されねばならないことになる。つまり、生理的ならびに心理的という二系列の条件が統合して幻影肢を生じさせるための同一の適応点ないし共通の地盤が解明されなければならないのである。メルロ＝ポンティは言っている。「幻影肢とは客観的因果性の単なる結果でもなければ、同様に一つのコギタチオ〔思惟〕でもない。それがその双方の混交でありうるためには、まず我々が〈心的なもの〉と〈生理的なもの〉、〈対自〉と〈即自〉とを互いに接合させて両者の間は一つの出会いを準備する手段を見いだし、かくして第三者的な諸過程と個人的諸行為とが両者に共通の一つの環境の中に統合されることができるようにしなければならないであろう」(5)。

ところで、この共通の地盤を理解するために、まず目を向けるべきなのは動物の「代償行為」である。肢を切断された昆虫がその肢の代わりに他の肢で本能的な行為をするとき、それは、その昆虫が今までと同一の世界の中に存在し続けようとし、その同じ世界に全力を挙げて向かっていくことを表現するのである。したがって、代償行為の現象の背後に存するのは世界内属存在（être au monde）の運動なのであり、この運動こそ前客観的な視界として、心理と生理の接合の基盤となるのである(6)。

それでは世界内属存在の運動がこの基盤であるとは、いかなることなのであろうか。それを考えるために、再び幻影肢の現象に戻るが、その際注目すべきなのはメルロ＝ポンティの次のような言明である。

「我々にあって手足の切断や欠損を認めまいとしているところのものは、物的ならびに相互人間的な或る世界の中に参加している〈我〉であって、これが手足の欠損や切断にもめげず今までと同じく自分の世界へ向かい続けているのであり、その限りで欠損や切断を断じて認めまいとしているわけなのである。欠損の拒否とは、一つの世界への我々の内属の裏面でしかない。……腕の幻影肢をもつとは、その腕だけに可能な一切の諸行為に今まで通り開かれてあろうとすることであり、切断以前にもっていた実践的領野を今もなお保持しようとすることなのである[7]」。

ここで言われている「切断以前にもっていた実践的領野を今もなお保持」しようとする態度は、何に由来するのだろうか。メルロ＝ポンティにとって身体は、基本的に世界内属存在の媒質として捉えられているが、それ自身二つの層をもつものとされる。

その二つの層とは、「習慣的身体」の層と「現勢的身体」の層である。つまり世界内属存在の媒質としての身体自体が両義的なのである。そして幻影肢の現象はまさしく、この身体の二層性に基づいているのである。それゆえ「どうして私がもう自分のもっていない手をまだもっていると感じることができるのかの問題は、実際には、どうして習慣的身体が現勢的身体の保証人として働くことができるのかの問題に帰するのである[8]」。

ここで重要なのが、「習慣的身体」と「切断以前にもっていた実践的領野」の関係なのは言うまでもない。しかし後者を「今もなお保持しようとする」心的態度、つまり志向的意識は、どのように考えられるべきなのであろうか。これを二元論的に身体から切り離して理解すれば、元の木阿弥となってしまう。しかし現象学的身体論になじみ薄い人にとって、やはり「物質としての身体は物質なのであって、心的態度は精神的なものとして、前者とは別のものと考えるべきなんじゃなかろうか」という想念はあらがいがたいものであろう。また彼にとっては、「意識と精神に浸透された身体」という概念も受け入れがたいものであろう。そして心身二元論的を創発主義的マテリアリズムの立場によって乗り越えようとするブンゲにとっても、メルロ＝ポンティの心身論は拒絶の対象となるであろう。何と言ってもブンゲは、幻影肢の経験の解釈において肝要なのは、ひたすら患者の「中枢神経系」に何が生起しているのかを解明することであって、彼の「心」の中に何が起こっているかは問題外だ、と断言するのだから。

また既述のように、ブンゲにとって「生きられる身体」といった観念は、大脳皮質の体性感覚‐運動野の神経活動が全身に向けて投射する身体像に還元されるであろう。

しかしブンゲがこのように考えるとき、「心」、したがってまた「意識」の概念はあまりに自明のものと考えられてはいないだろうか。つまり「心」はデカルト的二元論の意味で物質的身体から切り離された「非物質的なカプセル状の実体」という、古くからあり、かつ現代人の常識をも支配している、あの観念にまでおとしめられているのである。ブンゲの創発主義的精神生物学の立場は、確かに優れた心身論を提出した。しかし、生物学的に極めてユニークな特性をもつ人間の中枢神経系が、「生きられる身体」を介して環境世界と相互作用を繰り返しながら、それとの相即的関係を維持しているという点だけは捉えそこなっているのである。

それに対して、メルロ゠ポンティは世界内属的な実存的身体に基づいて、従来の「心」や「意識」の概念を解体し、「身体的意識」としてその概念の刷新を図ったのである。換言すれば彼は、機械論的生理学が解明する即自的な物質的‐現勢的身体の根底に、それの背景となって、それが環境世界との生ける相即関係をもつことを可能にしている「習慣的身体」の深層を抉り出すことによって、同時に「意識」つまり「心」の本性を見届けることにも成功したのである。

このような身体と意識の把握が心身問題の解明に重要な寄与をなしたことは、今日多くの識者の認めるところである。しかもその際特記されるべきなのは、神経学的ならびに精神病理学的な疾患現象の実存的基底を、実証的‐臨床的データに目を配りながら明らかにしたことであり、その解明のための現象学的方法の精緻さである。

それでは、メルロ゠ポンティが新たに提出した「身体的意識」とは、いかなるものなのであろうか。

2　身体的意識としての心の概念の刷新

メルロ＝ポンティは次のように言っている。「意識とは、原初的には〈我思う〉ではなく〈我能う〉である[9]」。また「意識とは身体を媒介とした事物への存在である[10]」。さらに次のようにも述べている。「意識の生活（認識生活、欲望の生活、あるいは知覚生活）には、一つの〈志向弓（arc intentionnel）〉が張り渡されていて、これが我々の回りに、我々の過去や未来や人間的環境、物的状況、観念的状況、精神的状況を投射し、あるいはむしろ我々をこれらすべての関係のもとに状況付けているのである。この志向弓こそが感官の統一を、感官と知性の統一を、また感受性と運動性との統一を作るのであり、これこそが疾病の場合に〈弛緩〉するのである[11]」。

メルロ＝ポンティのこれらの言明の言わんとすることは何だろうか。それを考えるために、まず近代哲学の祖デカルトの有名なテーゼを思い出そう。

「我思う、ゆえに我あり（cogito ergo sum）」。デカルトは、一切の疑わしい存在性を括弧で括っていった末に、この揺るぎない真理に到達した。その際、自分が身体をもっていることさえ疑わしいこととして括弧で括られた。つまり一切の存在とその認識の基盤となるのは、懐疑を遂行していた「私の意識」だと言うのであり、これは現実の物質的身体から独立に自存しうる、と言うのである。

ここに心身二元論の元型が在る。またデカルト以降の西洋の自然科学が、この二元論に立脚して、自然の探究から精神的要素を排除し、全く機械論的方向に進んだがゆえに、大きな成功を収めたのも事実である。しかし、この機械論的な自然科学は、非物質的な精神を消し去った、というよりは「棚上げ」にして背後に「温存」してきたのである。そこで、心と身体は常に平行線を辿り、決して交わることはない。ただ、確実に解明され、実証科学の対象たりうるのは物質的（あるいは物理的）自然界のみだ、と言うのであり、精神的なものは社会常識的‐因習的に無批判に温存されることとなる。これこそ、心と意識の科学の真の確立を妨害してきたものなのである。そしてこれの根底に在るのが、意識を「我思う」に限定し、これを身体から切り離すデカルト的心身二元論なのである。

この二元論に対するラディカルな批判が、二〇世紀の哲学と科学と医学、つまり広い意味での思想界に風雲を巻き起こしたことは周知のことであろう。哲学界ではベルクソン、フッサール、ハイデガーがその代表であるが、メルロ＝ポンティの心身二元論克服の哲学は、まさにこの三人の思想の融合から成り立っている。

実際、意識の本性を「我思う」ではなく「我能う（Ich kann）」の方に見たのは後期フッサールであったし、現存在としての人間の根本機構を「世界‐内‐存在（In-der-Welt-Sein）」と定義したのはハイデガーであり、神経生理学と神経病学のデータを介して心身問題を考えぬいたのはベルクソンであった。メルロ＝ポンティは、これらの思想を自らの思索の中で融合し、それを現象学的身体論へと収斂させたのである。そしてそれと並行して、従来の心の概念を「身体的意識」として刷新したのである。

ところで、ブレンターノからフッサールへと継承され、現象学の枢軸となったのは、心＝意識の本性を「志向性（Intentionalität）」と見なす考え方であった。ブレンターノによれば、すべての心的現象は何物かを客観として内に含む。つまり表象においては或るものが表象され、判断においては或るものが承認または否認され、愛においては愛され、憎においては憎まれ、欲望において欲求されるのである。このように志向的対象を自らの内に必ず含むことにおいて、心的現象は物理的現象から峻別されるのである。

しかし、これでは心的現象としての意識は、広い意味での物理事象としての身体から全く切り離されてしまう。

もちろん身体を全くの即自として機械論的生理学の立場から捉えるなら、意識の志向性は身体から分離されてしかるべきであろう。しかしメルロ＝ポンティにとって、意識は世界内属的な生きられる身体の感覚‐運動回路から決して切り離されえないものなのである。そこで意識の志向性は、まさに「身体的意識の志向性」として捉え返されることになるのである。例えば彼は次のように言っている。

「自分の身体を動かすとは、その身体を通じて諸物を目指すこと、何の表象も伴わずにその身体に働きかけてくる諸物の促しに対して、身体をして応答させることである。したがって運動性とは、あらかじめ我々に表象されてあった空間上の点へと身体を運んでいく、意識の奴婢のようなものではない。我々が自分の身体を或る対象に向かって運動させることができるためには、あらかじめ対象が身体にとって存在しているのでなければならない」[12]。

ここでは即自としての身体と対自としての意識の賦分けは完全に乗り越えられている。つまり心身二元論が超克されているのだが、その際重要なのは、身体的「意識」が志向弓を介して世界に内属するものと捉えられていることである。

かくして世界内属存在の運動が心理と生理の接合の基盤だということが、より明瞭となったであろう。

3　メルロ＝ポンティ学説の批判的継承

さて、話を再び「幻影肢」現象そのものに戻そう。

我々の主要な論点は、ブンゲが強く支持する「中枢説」をメルロ＝ポンティの「世界内属的身体」の概念によって心身論的に、より洗練させることであった。そして、この論点の意図は十分読者に理解していただけたと思う。

しかし我々は、メルロ＝ポンティの現象学的心身論を鵜呑みにする世のメルロ＝ポンティ文献学者たちに同行するつもりはいささかもない。我々は本書において心身問題を、あくまでアクチュアルな次元で考え抜こうとしている。したがって我々は神経科学の最近の進展を無視することはできない。つまり我々は「幻影肢」に関する最新の科学的‐実証的データに目を向けなければならないのである。

ところで、ブンゲの『心身問題』は一九八〇年に出版されたものであり、メルロ＝ポンティの『知覚の現象学』が出たのは一九四五年である。両書の間には三五年の隔たりが存する。そして御多分に洩れず、最新の神経科学（神経病学）の実証データにより近いのはブンゲの支持する「中枢説」の方である。

例えば、現代における幻影肢研究の第一人者たるR・メルザックは、先天的に四肢のない子供でも幻影肢を経験するという臨床的事実を挙げて、手足の感覚は本物の肢体のあるなしにかかわらず先天的に脳（つまり中枢神経系の最上部）の神経回路システムに遺伝情報として組み込まれている、と主張する。

メルザックによれば、幻影肢を生ぜしめるのは、従来の中枢説が主張してきたような体性感覚・運動皮質に局限されない。彼によれば、幻影肢は三つの主要な神経回路システムの相互作用によって生じるとされるが、その三つとは(1)視床を貫通して皮質体性知覚野へと通じる知覚伝達路、(2)脳幹網様体を通って辺縁系へと連なる伝導回路、(3)認知野を含む広範な皮質のネットワークである。

彼は、この三つの神経回路システムをあわせて「幻影肢を生み出す〈神経マトリックス〉」と名付けている。ちなみに、この三つのうち(1)は従来の中枢説が真っ先に挙げてきたものであるが、(2)は感情や動機などに関わる脳部位に当たり、(3)では過去の経験の記憶ならびに自己と関連した感覚入力の評価がなされる。これら三つの神経回路システムの相互作用が形成する「神経マトリックス」こそ幻影肢の神経的基盤なのである。

図2-1　運動および感覚を伝える大脳皮質の領野

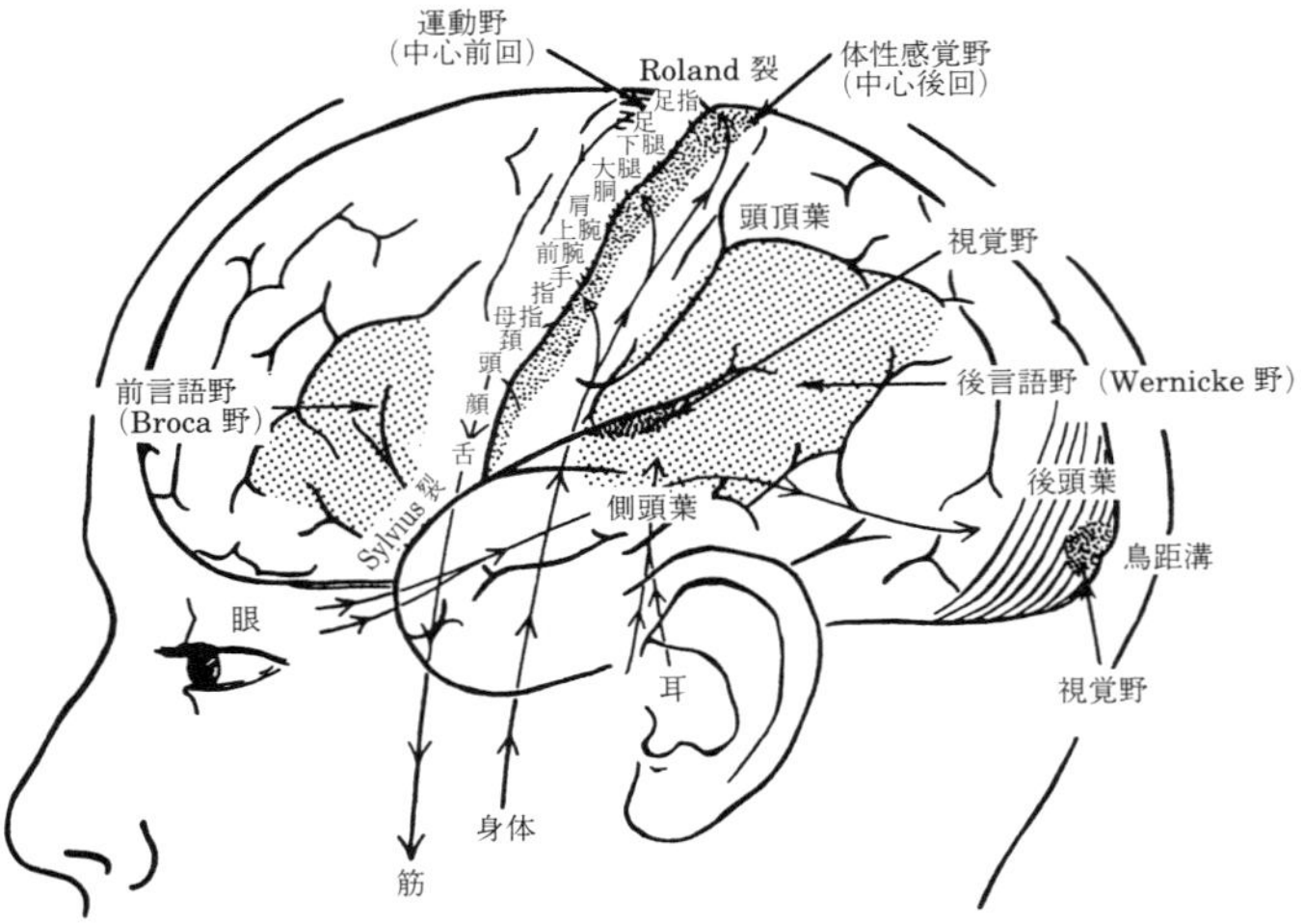

運動を伝える領野のおよその地図を中心前回に示す。体性感覚を受ける領野は中心後回にあり，同様な地図になっている。実際には，足指，足，下腿は皮質の上端部を越えて内側面に画かれるべきである。この図に示されている他の一次感覚野は視覚野と聴覚野であるが，その大部分はこの側面図からは見えないところにある。Broca と Wernicke の言語野も示してある。

（出所）J. C. エックルズ『自己はどのように脳をコントロールするか』シュプリンガー：フェアラーク東京，99ページ。

さて、このような洗練された見解は、幻影肢の脳中枢説をますます堅固なものにするが、同時に先述の「世界内属的身体性」という概念も葬り去ってしまうように思われる。実際メルザックは、脳は外部入力がなくても知覚経験を創造でき、我々は自分の身体を知覚するのに現実の身体を必要とするわけではないと考え、「脳こそ身体の経験を作り出す源だ」と断言してはばからない(13)。

しかし我々はここで立ち止まって考えなければならない。つまり、たとえ幻影肢がメルザックの主張するような「神経マトリックス」に基づくとしても、そこから一気に身体経験を脳の働きに還元してよいのか、と。換言すれば、幻影肢現象の神経科学的根拠の証明が洗練され明晰化していっても、それはこの「現象」の一面的見方を強化し、神経科学の「色眼鏡」で自らの視野を貧困化してしまうだけなのではなかろうか、と我々は問う必要があるように思われる。

先天的四肢喪失者もまた幻影肢を経験することは、確かに中枢説＝脳還元主義を堅固なものにするように思われる。しかし、なぜ先天的四肢喪失者の脳、ひいてはすべてのヒトの脳は、四肢を備えた完全な身体のイメージを遺伝情報として賦与されているのだろうか。

我々はここで、「有機体」としての人間が「脳」と「身体」と社会的「心」の不可分の統合体であることに目を向けるべきである。そうしなければ、我々は再び「脳＝心」と「身体」の二元論に陥ってしまうからである。

メルザックは表立って心身問題に言及していないが、「脳こそ身体の経験を作り出す源だ」という彼の主張は、デカルト的心‐身二元論を脳‐身体二元論に変形したものにすぎない、という印象を我々に与えずにはいない。我々はやはり、人間を心・脳・身体が不可分となっている統合的「有機体」として理解すべきなのではなかろうか。

こうした理解を強力に推し進めるのは、現代一流の神経科学者にして神経病医であるA・R・ダマシオである。彼は、有名な著書『デカルトの誤り――情動、理性、人間の脳――』(14)の中で心身二元論と唯脳主義を激しく攻撃しているが、その主張は次の三点に集約される(15)。

(a) 人間の脳と身体は分かつことのできない一個の有機体を構成しており、それは互いに作用し合う生物化学的調節回路と神経的調節回路(内分泌、免疫、自律神経要素を含む)によって統合されている。

(b) 有機体は一個の総体として環境と相互作用している。つまり、その相互作用は身体だけのものでもないし、脳だけのものでもない。

(c) 我々が心と呼んでいる生理学的作用は構造的、機能的効果から生み出されているのであって、脳からだけではない。つまり、心的現象は環境中で相互作用している有機体という文脈においてのみ完全に理解可能になる。

ダマシオは『デカルトの誤り』の中で執拗に「有機体（organism）」という言葉を用いているが、これは人間を環境から切り離された一種の生理学的「機械」として把握する傾向への警鐘となっている。ダマシオにとって、有機体としての人間の身体と脳は環境世界との相互作用のうちで「生存」しているのである。そして、この「相互作用」が意味するのは、外なる世界を内に取り込みつつ、同時に内的活動が外部世界の知覚と体験の先行的枠組みを形成する、ということである。こうした考え方はメルロ゠ポンティの言う「身体の世界内属性」の思想に極めて近似している。

ダマシオとメルロ゠ポンティの思想の間には数十年の隔たりが存するが、神経科学の進歩にもかかわらず、その科学を遂行する者のもつ基本的「哲学」はほとんど変化していないのである。繰り返すまでもなく、両者ともデカルト的心身二元論を、有機体と環境世界との相互作用から捉えられる「有機的身体全体性」という観点によって克服しようとしている。しかるに近年の大方の神経科学者や認知科学者はメルザックのように脳還元主義の方向に走ってしまう。そして、この脳還元主義の根底に潜んでいるのが、数百年来西洋の科学を支配してきたデカルト的心身二元論の「哲学」なのである。つまり、神経科学の研究方法と実証データが、いくら精緻さを極めていっても、その根底に存する「哲学」が変化しない限り、本当の意味での根源的真理には到達できないのである。

それはさておいて我々がここで注目すべきなのは、ダマシオの「身体に統合された（embodied）脳ないし心[16]」とか「身体志向の脳（body-minded brain）[17]」という表現である。これらの表現は心身二元論と脳‐身分離主義を根底から覆そうとする彼の根本姿勢から生まれたものである。彼にとって人間の脳は、長い進化の過程の中で人類が環境に適応するために、換言すれば有機体としての人間が「生存」するために、構築された器官なのであり、首から下の身体と決して切り離して考えられないものであると同時に、首から下の身体に対して何ら特権的地位をあてがわれるべきものでもないのである。むしろ脳は「身体の獄中の聴衆」[18]にすぎず、常に身体に操られているのだ、とダマシオは主張する。

しかし、彼は決して脳の神経活動が「心」の基盤として極めて重要だという現代の神経生物学者に共通の見解を全く無視するのではない。彼が言いたいのは、「心が神経回路の活動から生じている事は間違いないが、そうした回路の多くは有機体の機能的必要性によって進化の中で形成された」[19]ということであり、身体が生命維持機能や調節的機能以上に脳に貢献しており、「身体は正常な心の働きに欠くことのできない〈内容〉を提供している」[20]ということなのである。そして、こうも言っている。「心的な事象はニューロンの活動の結果ではあるけれども、そのニューロンが語るべき最初の不可欠のストーリーは身体の図式と作用のストーリーである」[21]。

ちなみに、ダマシオは幻影肢を脳の可塑性に関連付けて解釈可能である、と考えている。[22]そして、この脳の可塑性（後天的経験や学習による神経回路の再編）もまた、有機体に身体統合された（embodied）脳の可塑性として捉え返されなければならないのである。それゆえメルザックのような極端な中枢説は否定されるべきである。もちろんメルザックの神経マトリックス説は神経科学の実証データとして極めて重要である。それを脳還元主義にまで推し進めようとするのが間違いなのであり、神経マトリックス説もまた、有機体に身体統合された「生存せる脳」という観点を堅持しながら再考されるべきなのである。

とすればメルロ＝ポンティの現象学的な幻影肢解釈は、今でもその意義を失っていないと考えられる。我々は、メルロ＝ポンティが数十年前に述べた学説を鵜呑みにするのではなく、最新の神経科学的データに目を配りながら、「現象」そのものを科学的かつ哲学的（現象学的）に見る目を養うべきなのである。そうしてこそ彼の「哲学精神」

が現代において生かされ、次世代へと引き継がれていくのではなかろうか。

註

（1）M. Merleau-Ponty, *Phénomenologie de la perception*, Gallimard, Paris, 1945, p. 90.（竹内芳郎・小木貞孝訳『知覚の現象学・1』みすず書房、一九八七年、一三七ページ）

（2）M. Merleau-Ponty, *op. cit.*, p. 90.（邦訳、一三八ページ）

（3）M. Merleau-Ponty, *op. cit.*, pp. 90f.（邦訳、一三九ページ）

（4）M. Merleau-Ponty, *op. cit.*, p. 91.（邦訳、一三九ページ）

（5）M. Merleau-Ponty, *op. cit.*, p. 92.（邦訳、一四〇ページ）

（6）M. Merleau-Ponty, *op. cit.*, pp. 92ff.（邦訳、一四〇ページ以下）

（7）M. Merleau-Ponty, *op. cit.*, p. 97.（邦訳、一四七ページ）

（8）M. Merleau-Ponty, *op. cit.*, p. 98.（邦訳、一四九ページ）

（9）M. Merleau-Ponty, *op. cit.*, p. 160.（邦訳、二三一ページ）

（10）M. Merleau-Ponty, *op. cit.*, p. 161.（邦訳、二三三ページ）

（11）M. Merleau-Ponty, *op. cit.*, p. 158.（邦訳、二二九ページ）

（12）M. Merleau-Ponty, *op. cit.*, p. 161.（邦訳、二三三ページ）

（13）R・メルザック「幻肢」（『別冊日経サイエンス・特集 脳と心の科学・心のミステリー』日経サイエンス社、一九九八年）。Cf. R. Merzack, Phantom limbs and the concept of neuromatrix, *TINS*, Vol. 13, 1990, pp. 88-92.

（14）A. R. Damasio, *Descartes' Error: Emotion, Reason, and the Human Brain*, G. P. Puthnam's Son, 1994.（田中三彦訳『生存する脳』講談社、二〇〇〇年）

（15）A・R・ダマシオ『生存する脳』三一ページ

(16) A・R・ダマシオ、前掲書、一九六ページ
(17) A・R・ダマシオ、前掲書、三三六ページ
(18) A・R・ダマシオ、前掲書、二九ページ
(19) A・R・ダマシオ、前掲書、三三九ページ
(20) A・R・ダマシオ、前掲書、三四〇ページ
(21) A・R・ダマシオ、前掲書、三四三ページ
(22) A・R・ダマシオ、前掲書、一八七ページ以下

第3章 精神医学と心身問題

「精神病」、「精神病院（精神科）」、「精神医学」。これらの言葉を聞いて読者はどのようなイメージを思い浮かべるだろうか。多くの人がこれらの言葉の精確な意味を知らないし、また知ろうともしない、というのが実情ではなかろうか。

科学や医療の技術が飛躍的に進歩し、それに関する知識が一般人に広がった今日においても、多くの人々は「精神病」とそれにまつわるものに、うさん臭さや恐怖の念を内心抱いている。つまり、自然界の出来事や社会事象のほとんどに関して啓蒙が行き渡っているのに、こと「精神病」周辺の事柄に関しては、なぜかこの「啓蒙」が及んでいないのである。

「精神病者」と聞いて人々がイメージするのは、常人には理解しがたい行動をする「狂人」、「異常者」、あるいは「変質者」（死語？）である。彼らは、いたわられるべき「病人」ではなく、鉄格子の中に監禁されるべき「罪人」なのである。そして「精神病院」は、まさに彼らを閉じ込めておく牢獄であり、「精神科医」とは、その牢獄の番人であり、治療者というよりは監視人であるかのように思い込まれている。

また「精神医学」と聞けば、一般の身体医学のような科学的基礎や方法、そして臨床技術から掛け離れた、うさん臭い心理カウンセリングの類い、というイメージが一般人の脳裏をかすめる。

もちろん精神医学の専門家やそれ以外の教養ある識者にとって、以上に述べたような偏見は全く存在しない。しかし、これらの人々も精神病に対する偏見はもっていないものの、精神病の捉え方において身体因を重視するか心因を重視するかによって見解の分裂が生じやすいことも事実である。

「病気」、より厳密に言えば「医学的疾患」、それは必ずや「身体」という物質のどこかが病変したものである、ということは現代の一般人の常識となっている。しかし物質ではない「精神」が病むなどということはありえない、もしそれが病んでいるとしたら、それは「何か変だ」ということになる。そしてこの「何か変だ」というのは、知的判断に基づくものではなく、感性的イメージに由来する「感慨」にすぎない。そして、この「感慨」の基盤となっているのが、常識を支配している「心身二元論」なのである。

さて、精神病に対する偏見が常識を支配する心身二元論に由来するとするなら、「精神医学と心身問題」というテーマは哲学的心身問題にアクチュアルな次元を開示するものとなる。

精神医学の専門家や識者の間でさえ、なぜ身体派と心理派の分裂がうかがわれ、完全な脳一元論という統一的見解が見られないのか。ここには心身二元論克服のための最後の難関が控えており、それは同時に心身問題の深淵を垣間見させるものなのではなかろうか。

我々は前二章において、マリオ・ブンゲとメルロ＝ポンティにおける心身二元論の克服の仕方を紹介した。その際我々は、ブンゲの創発主義的マテリアリズム（精神生物学）はメルロ＝ポンティの現象学身体論にって補われるべきだ、と示唆した。それによって、同じ心身二元論といっても、かなり様相の違う見解があるものだということが分かっていただけたと思う。そこで本章では、まず精神医学の中で、心身二元論の克服に生涯を捧げた人物の思想を取り上げて、この克服のさらなる深層を垣間見たいと思う。

1　アンリ・エーの器質力動論

アンリ・エーは一九〇〇年生まれのフランスの精神医学者であるが、彼は一九七七年に逝去するまでの人生の後半四〇年を「心身二元論克服」のために捧げた。なぜ彼は、この克服に飽くなき情熱を抱き続けたのか。我々は、その理由を彼の心身論のエッセンスが凝縮された著書『ジャクソンと精神医学』(1)のうちに探ってみよう。

エーは、この書の冒頭で「精神疾患」概念の曖昧さについて論じている。その際まず精神疾患(精神病)は「疾患(maladie)」か「悪(mal)」か、という二律背反的事態に触れている(2)。つまり精神-疾患の「精神」の方に重点を置けば、それは人間の倫理的ないし道徳的害悪に方向付けられて解釈され、その結果精神疾患は「悪」と見なされるが、「疾患」の方に重点を置いて考えれば、それは身体医学をモデルとする自然科学的医学の対象と見なされ、他の身体病、とりわけ精神疾患と親密な関係をもつ神経疾患と同様の「疾患」と見なされる。

しかし、疾患は人間の責任を個人や集団の倫理へと引き込むものではないし、他方、悪は人間の過ちによるものだから、疾患と悪は同じものではない。それにもかかわらず精神疾患は上記のように分裂的に解釈されてしまう傾向が強い。これは事実的生命性においては単一である人間が、人間性においては二重であるということに由来するのであり、このことは精神医学においてのみならず医学全般に影響を及ぼしてきた。

既述のように身体疾患に対する道徳的観念からする偏見は、自然科学的啓蒙によって、歴史を経るにつれて激減していった。しかし精神疾患に関しては依然として「悪」と見なす偏見が残存している。我々は、この偏見に立ち向かわなければならないのだが、その際エーの次のような言明に注目すべきである。

「疾患そのもの、つまり医学の知識と技術の対象としての疾患が、この種の災禍の形をとりうるのは、ただそれが身体の組織化としての有機体の統一を脅かす場合だけである。医学が〈自然科学〉の一分野であり、医学は〈倫理学〉にのみ属するということを拒否する場合にしか決して進歩しなかったのはこのことによっている(3)」。

ここで重要なのは「疾患」が「身体の組織化としての有機体の統一」を脅かすものだと捉えられていることである。それは身体疾患と同様に精神疾患にも当てはまる、とエーが考えていることは言うまでもない。それゆえ「精神疾患」は、あらゆる倫理的・道徳的解釈に抗して、人間の有機体という「自然」に基づけられるべきなのである。しかし精神疾患は、「道徳的害悪」として解釈されることが退けられても、その「精神症状」発現の特殊性において、なお「心理学的」に解釈されうるという性質を有している。そこでエーが次に注意を促すのは、精神疾患の原因を「器質的(身体的)なもの」として捉えるか「心理的なもの」として捉えるかの二律背反である。

精神医学の歴史は、精神疾患の「器質論者」と「心因論者」の対立から成り立っている。エーによれば、一九世紀の大きな論争はすべて、病の原因が「身体的なもの」か「心理的なもの」かを巡ってなされたものであるが、この場合「身体」とは、可視的‐解剖学的身体、生理学から見られた身体、さらには人を構成する潜在的イメージとしての肉体を意味し、「心」とは「主観」、つまり有機体の構成の外に併置され、物質としての身体に帰することのできない不可視の精神を言い表している。そして、この精神と肉体の二元論こそ精神医学における器質論者(身体派)と心因論者(心理派)の対立を生み出した元凶なのであり、この両陣営の対立がいよいよ「精神医学殺し」を促進した、とエーは主張する(4)。

器質論者の代表としては、「精神病は脳病である(Geisteskrankheiten sind Gehirnkrankheiten)」と喝破したW・グリージンガー、ならびに彼の強い影響を受け、現代の生物学的精神医学の基礎を築いたE・クレペリンが挙げられる。両者とも精神病研究から哲学的思弁を排し、実験と観察による客観的データを重視し、精神疾患を身体病理(脳病理)に基づいて理解しようとした。

心因論は古来の医‐哲学と秘教的‐ロマン主義的潮流に根差し、E・シュタールやJ・C・H・ハインロートを代表者とする。彼らは精神病を身体病から切り離して純粋に心因論的‐超自然主義的に理解しようとしたが、彼らの心因論は病者のモラル・トリートメント(人道的処遇)という側面も兼ね備えるものでもあった。

またS・フロイトはもともと神経生物学と神経病学の出身で、器質論者の資質をもちあわせていたが、その後神経症の深層心理学的研究にのめり込むこととなり、脳病理学と完全に手を切った心因論者として精神分析の創始者となった。彼が創設した精神分析こそ二〇世紀における精神疾患の心因論を代表するのは周知のことであろう(5)。

ところでエーが目指す精神医学における心身二元論克服は、以上のような器質論と心因論の対立を乗り越えると同時に、「精神医学殺しの神経学と精神医学殺しの精神分析学との間の大きな争い(6)」を調停するという課題をもっている。つまりエーは、フロイトが放棄した神経病学と、彼がその代わりに推進した心理‐力動論的な精神分析学との融合を可能ならしめる第三の道を歩もうとするのである。この第三の道は神経学者H・ジャクソンによる進化論的で階層論的な中枢神経系の病理学を、より力動論的に精神医学に応用することによって可能となった。それゆえエーは、精神医学における心身二元論を徹底的に乗り越える自らの立場を「器質‐力動論（organo-dynamisme）」と名付けるのである。

この器質力動論とは、器質的なものに基礎を置きつつ精神疾患の力動的解明を目指すものである。そして器質的なものに基礎を置く限り、それは身体医学、とりわけ神経病学の原則に何ら反するものではない。しかし同時に精神疾患の症状発現の機序の把握に関しては心理‐力動的な考え方も決して排去しないものである。したがって器質力動論は精神疾患の機械的器質論と純粋心因論の中道を行くものであるが、その際それがあらゆる二元論的対立も一元論的還元も受け入れないという点が重要である。そして、このことに「力動‐論」ということの意味が関わってくる。

力動論というのは、力の展開、あるいは運動が下級構造から盛り上がって来て、症状の陽性的‐積極的部分を構成するということである。しかもエーにおいては、脳の神経機能の階層的‐力動的構制が精神症状発現の階層的‐

力動的機制に不可分に結び付けられて考えられている。したがってエーの器質力動論は器質機械論（物質還元論）と純粋心因論（唯心論）の二元論的対立を止揚しつつ、徹底的に乗り越えるものである。

ところで「止揚」とは、低い段階の否定から高い段階へと進んで、高い段階の中に低い段階の否定された要素も含む、ということを意味する。そこでエーの器質力動論は、悪く言えば器質機械論と心理力動論の「折衷」であるが、積極的に評価すれば、単なる理論優位の哲学的心身二元論超克ではなく、精神医療の臨床現場からの要請に応じた治療実践的な心身二元論超克である。(7)

我々は前二章においてブンゲとメルロ＝ポンティにおける心身二元論超克の思想を紹介したが、エーの立場は前二者の立場を折衷し止揚する、より高次の心身論とは言わないまでも、前二者の観点を融合する可能性を我々に示唆するものである。ちなみにエーは「意識」を論じた自著の序において、「経験と実存の身体化の問題に憑かれた人としてメルロ＝ポンティならば、ベルクソン以上に、心的存在の組織が脳の組織の中に根を下ろしているという我々自身の考え方に彼自身の考察を結び付けえたであろう」と述べ、そのすぐ後で「意識存在の大脳神話よりも無意識の無脳論を警戒せねばならない」と言っている。(8)

2　アンリ・エーにおける心的身体の概念

エーの器質力動論はまた、「心的身体（corps psychique）」の概念を中核に据えるがゆえに、ブンゲの創発主義的マテリアリズムとメルロ＝ポンティの現象学的身体論を弁証法的に統合する力をもっている。つまりブンゲは心ないし精神というものを生物システムとしての脳から創発した現象として捉えることによって機械論的唯物論を乗り越えようとし、メルロ＝ポンティは身体の世界内属性の概念をもって心理と生理の間において生起する人間的実存の諸相を開示しようとする。その際ブンゲの方が脳を重視し、メルロ＝ポンティの方は身体全体性を重視する。しかるに「心的身体」の概念を高々と掲げるエーの立場は、身体と脳の有機的統合を表明するダマシオの立場に近く、脳を重視しつつも唯脳主義に傾かず、環境世界へと開かれた身体の有機的活動の中枢として脳を把握している。

ところでダマシオが神経病医であるのに対して、エーは精神科医である。神経科（神経内科）は精神科と姉妹関係にあるが、懸隔のあることも事実である。しかしエーは神経病医ジャクソンの強い影響下に自らの器質力動論を構築したのである。とすればエーの器質力動論の中核をなす「心的身体」の概念は、脳の科学と精神（心）の科学の統合を目指し、その統合によって精神分裂病の成因解明を志す今世紀の科学の動向を数十年前に予示していた貴重なものであり、この科学の主要な先導役の一人であるダマシオとの類似性は何ら驚くべきことではない。

それではエーの提唱する「心的身体」とはいかなるものなのであろうか。

エーは次のように述べている。

「〈物体《コール》〉すなわち連帯的諸現象の自然の中で我々の身体《コール》は、それが作り出すところの諸々の対象と区別される〈異物〉であるが、単に機械と同じく〈プログラムを与えられている〉だけでなく、また極めて厖大な計画（J・モノーの言う目的規定的な《テレオノミック》）の結果であり、生物の論理に従って組織された〈統合単位《アンテグロン》の階層構造〉であり、身体《コール》（ドイツ語での **Leib**―肉体）は物体《コール》（ドイツ語の **Körper**―物体、身体）とは異なる。それは物理的客体ではなく〈開かれたシステム〉であり、すなわち世界を自己に固有の組織に合体し続ける運動によって生気づけられているのである。ホメオスタシス――これが身体の維持を保証する――の維持本能によって無限に固定されたこの身体において、またこの身体によって、それが変化し発達するために新たなる身体が生まれる。これが〈心的身体〉である。心的身体とは空間（その外被を限定する）のうちにその場所を占める身体と異なったものでも同じものでもなく、むしろその自己構成によって自己に固有の有限性に向かうところの本質的に時間の、生成の存在である[9]」。

このように規定されるエーの「心的身体」は、メルロ＝ポンティの言う「世界内属的な生きられる身体」に極めて近いものであることは誰もが認めることであろう。しかしエーにおいて、世界の中で関係的生活（実存）を営む「生きた身体」は、特に心的身体の「心的」という部分に強調点が置かれている。これはエーがメルロ＝ポンティ以上に脳の果たす身体活動上の役割を重視しているがゆえである。

「〈心的身体〉はその棲家を身体の内に（脳の内に）もつ。しかしその作業はその世界の中で行われ、その作業の生産はその世界の中で客体化される。そして自己の身体に根差しながらその分枝によって他の身体（人間の、生物の、無生物の）と交錯し合っているのである[10]」とエーは明言している。

ここで「心的身体」がその棲家を「身体（脳）」の内にもつという表現は少々曖昧である。つまり「心的身体」をメルロ＝ポンティが言うような「意識ないし精神が身体全体に浸透している」という意味に受け取ると、脳の中枢支配的重点の度合いが下がるのだが、エーの場合には「心的身体」の「心的」という形容詞が「脳」の中枢支配力を暗に指し示しているように思われるのである。しかも、その脳の中枢支配機能は有機体としての身体全体と決して切り離して考えられていない。そしてその有機体としての身体全体は、メルロ＝ポンティやハイデガー[11]が規定するのと同じように、皮膚という外被の内側に閉じ込められたものを意味するのではなく、脱自的に環境世界と相互作用するものとして捉えられている。

しかしメルロ＝ポンティやハイデガーにおいては、「生きられる身体（Leib）」というものは決して脳に重点を置いた身体概念ではない。それに対してエーの前掲の引用文を読むと、メルロ＝ポンティやハイデガーが重視した

「生きられる身体」の空間性よりも、「心的身体」の時間性の方を重視しており、脳が生み出す「生命時間」を中心に身体の有機的活動を捉えているように思われる。この点こそエーの「心的身体」が今一つ洗練されない、曖昧な概念にとどまった、と言われる所以である。

とはいえ、脳と心の科学の時代である今世紀の視点からすれば、「有機体としての身体全体」の中枢をあくまで「脳」のうちに見いだすことは極めて重要な考え方である。そこで、我々が注目すべきなのはエーのユニークな「脳」理解である。

彼によれば、「脳」は「関係的生活の統合の器官そのもの(12)」なのであり、それは「機械(例えばエレクトロニック型の)と距たること遠く、諸々の連合路や連合中枢(要するに〈反射〉とか〈サイバネティックス的〉自己‐調整という考想に基づいたあらゆる神経生理学の要請としての単なる通信と伝達網)にも遠く、むしろ生気づけられた開かれたシステムなのである(13)」。それはまた「主体の志向性の器官(14)」あるいは「自由の器官そのもの(15)」である。そして彼は言っている。「中枢神経系が実現する統合とは、実在のシステムと人格の自律の構成によって、また構成のために、〈心的身体〉を組織化することに他ならない(16)」。また次のようにも言っている。「脳は単に自動的ないし条件づけられた反射‐装置であるだけでなく、遺伝されたプログラムを人格的組織化のプランによって延長するところの構成の動因である。心的身体、意識、脳は、それらが人間(存在)に生成する存在様態を言表する限りにおいて、同義語なのである(17)」。

最後の引用文には、先述の曖昧さ(心的身体=脳?)が垣間見られるが、エーの脳把握は、第1章で紹介したブンゲの生物システムとしての脳把握をさらに有機体の自己‐組織化(self-organisation)の側面で深めたものと考えられ、人格的自由と実存(世界と他者との関係的生活)の次元も考慮するという点で希有のものである。そしてこのことは、エーが神経学者ジャクソンの強い影響下に出発した「精神医学者」であることと密接に関係している。精神疾患（精神病）の成因の解明と治療法の開発のためには、どうしても脳をこのように捉える必要があったのである。つまり近代以降の機械論的身体理解、とりわけ一九世紀以後の機械論的‐機能局在論的脳理解は、心理学的ないし人格的（実存的）要素を極力排除するものであったが、こうした機械論的‐唯物論的考え方が精神病における脳の病理の正しい理解を妨げてきた、とエーは考えるのである。

先述のようにエーは基本的に精神疾患をあくまで脳の器質的病変に由来するものと考えるが、それは決してグリージンガーの「精神病は脳病である」というテーゼに代表されるような精神病の脳神話説に与するものではない。エーにとって脳という器質的な（organique）ものは、同時に有機的な（organique）ものであって、世界と他者との脱自的‐関係的生活の中で自己組織化活動を営む「心的身体」の中枢なのである。したがって、彼にとって脳は器質的＝有機的であるとともに力動的な（dynamique）性質をもつものと理解されている。そしてこの脳（心的身体）の器質力動論こそ精神疾患の根源的脳病理と精神病理を解明できる、と彼は考えたのである。

エーによれば、疾患は生体（有機体）にとっての異物ではなく、生体の「組織化」に関わるものであり、本質的にその組織解体の結果である。つまり彼は、疾患が組織化に固有でない病的現象を作り出すのではなく、疾患がこの組織化の構造解体に由来する、と考えるのである。そしてこの「組織化」の概念こそ精神医学の器質力動論の中心を構成する。そこで精神疾患は「心的身体」の組織化の解体と定義されることになる。しかも神経学的諸症状が心的身体の道具的機能の統合解体の結果であるのに対して、精神病理学的諸症状は心的身体の統合の構造的諸水準を変容する均一性解体の結果と捉えられる。精神疾患において解体されるのは、心的身体の道具的な部分的ないし機能ではなく、無意識を意識へと統合するシステムそのものなのである。(18)

「精神病は脳病である」。

こう聞くと、一般人は「え、精神病って心の病（俗に言うノイローゼ）なんじゃないですか」と反発しそうだし、逆に「当然じゃないですか」と無反省に同意しそうでもある。しかし精神病を「脳の病気」として捉えるにしてもグリージンガーとエーの間には驚くべき差異がある。分かりやすい例を挙げれば、脳腫瘍やアルツハイマー病が脳の病気であると言うのと、精神分裂病が脳の病気であると言うとでは、かなり意味が違うのである。グリージンガーに由来する精神病の「脳神話説」は、脳器質の有機的力動性を無視した、それゆえ「精神の本性」を無視した、素朴な機械論的唯物論の「哲学」に由来する。

正しい心身二元論克服の「哲学」に基づいたエーの器質力動論こそ、精神病が脳つまり精神の疾患であることを我々に教え諭してくれるのである。

ヘリカルCT、機能MRI、PETといったコンピューター透視撮影技術の急速な進歩によって、精神病者における脳の形態学的ならびに機能的変化がますます精確に把握できるようになり、神経化学や精神薬理学や分子生物学の進歩によって精神病の神経病理がいよいよ明確になってきた。

今日、精神病が脳病であることは、もはや疑いえない。しかし我々は脳が高度の可塑性をもつ生物情報処理システムであり、有機体に身体統合されていることも忘れてはならない。脳は、やはり単なる物理‐化学的物質機械ではなく、精神性を賦与された生命システムなのである。我々はこのことを片時も忘れてはならない。

3　精神病に対する偏見を諫めるものとしての生物学的還元主義

これまでにも繰り返し述べてきたが、精神病に対する偏見は、この疾患の呈する精神症状（とりわけ分裂病における幻覚、妄想、精神運動性興奮、躁病における狂騒状態）が常人にとってはあまりに奇異であり、病者のとる行動が正常心理学的に了解不可能だということに由来する。しかも精神病者には一般の身体病に見られるような目立った身体症状が存在しない。例えば高熱を出して寝込むとか、血を吐くとか、呼吸困難になるとか、身体各部に激痛を感じるとか……。また表面的な医学的検査によっても身体的異常所見は発見されないことが多い。そこで一般人は、精神病者に対して「異常者」、「甘ったれ」、「犯罪者もどきの変人」といった漠然としたイメージをもち、そのことに何ら疑念を抱かず、「あんな奴らは死んでしまった方がいい」（筆者の講義に出席していた大方の学生の率直な意見である）とのたまう始末だ。

マスコミの軽薄な報道も精神病に対する偏見を一般人に滲み渡らせる一因となっている。宮崎勤や酒鬼薔薇聖斗や一七歳のバスジャックの少年などの横綱級を筆頭とする異常人格的犯罪者たちこそ精神病の典型なのだ、と一般人はマスコミによって思い込まされている。ちなみに前掲の三人は、みな医学的な意味での「精神病」ではないが、バスジャックの少年は精神病院に入院しており、犯罪を犯したのはちょうど外出許可がおりて、院外に出ていたときであった。しかしこの少年も、精神病院に入院中とはいえ、決して医学的な意味での真の「精神病」ではなかった。

前掲の三人は、みな人格障害ないしは行為障害に分類される「性格異常者」にすぎない。しかし性格の極端な偏りは臨床医学的に定義される「疾患（disease）」ではない。性格異常者の多くは、異常で凶悪な行為をし、しかもその行為の動機が常人の理解をはるかに超える。彼らのうちのほんの一部が精神病院ないし精神科に通院・入院しているにすぎないが、彼らが派手な事件を起こすと、マスコミは必ず「精神科に通院歴あり」と付け加えてしまう。しかし彼らが、例えば腎臓や肺その他の臓器を患って該当する診療科に通院していたとしても、マスコミは「精神科通院中」のときのようには、その通院歴を報道の最後に付け加えることは決してない。

ちなみに医学的な意味での真の「精神疾患者」が犯罪に至る率は意外に低く、彼ら二〇〇〇人に一人である。この率は精神疾患者以外の人々の一〇〇〇分の一の半分である。しかし、たまに分裂病者や覚醒剤精神病者が起こす犯罪は、殺人や放火などの凶悪なものが多く、しかもその言動が支離滅裂で常人には了解不能なので、やはり一般人が精神病者に恐怖心を抱くのもやむをえない。しかし、こうした凶悪な犯罪に至るのは分裂病者では数万人に一人しかにすぎないことを我々は確《しか》と心にとめておかねばならない。

また一般人の抱く疑念の一つに「精神病者が殺人を犯しても、なぜ無罪になるのか」というものがある。この疑念も、精神病を身体病から切り離して考える常識の心身二元論的立場に由来する。

以下強調するように、分裂病に代表される精神病は「脳の病気」なのであり、人間の精神と行動（善悪の判断）を司る器官たる脳が、生物医学的に精確な意味で機能的に病変してしまう「疾患」なのである。脳が病理学的・機能的に病変すれば、「心神喪失」状態となって事物の理非善悪を弁識する能力がなくなる。したがって心神喪失状態の精神病者が犯した犯罪は、たとえそれが殺人のような凶悪なものでも「責任無能」と見なされ、無罪ないし減刑となる。そして、この刑の確定の際に重要な役割を果たすのは、周知のように「精神鑑定」であるが、これを行う権限をもつのは検察官や裁判官などではなく、医師免許をもつ「精神科医」のみである。

我々は、このことが何を意味するのかを理解する手助けとして、明らかに脳の疾患であることが素人にも分かる例を挙げることにしよう。

以下に引用するのは、かの偉大な哲学者ニーチェの精神病院入院中の病状日誌(19)である。ニーチェが神経(脳)梅毒による進行麻痺に罹患していたことは有名であるが、彼の病気の進行状態が典型的な神経梅毒性進行麻痺とは違っており、一部には梅毒感染否定説もあるが、一八八九年一月入院時のイエーナ大学病院精神科のカルテには、はっきりと「進行麻痺」という診断名が記されている。

一八八九年一月二一日。二・〇のクロラール服用にもかかわらず騒ぎ続け、ついに個室へ隔離する。――「父もまた脳軟化に罹っていた」と、ふと言ったりする。

二月三日。糞便糊塗あり、話し方や話しの内容は変わらず。

二月二三日。突然、他の患者に襲いかかり、足蹴にする。「ついに私は Friedr. Wilh. 四世になったのだ」と言う。

三月一日。自分の著作の思想内容や部分について、ほとんど理解せず、記憶もない。

三月二〇日。M‐2病棟に移される。毎日一・〇の水銀塗布治療を行う。

三月二三日。静止時における右顔面神経(口角部)の麻痺が増強する。

四月一八日。糞便を食べる。

四月二七日。しばしば激怒発作あり。糞便を自分の体に塗り付ける。

六月一〇日。突然、窓ガラスを割る。

六月二八日。軽い左側の輻輳性斜視あり。

八月一六日。全く突然に窓ガラスを割る。窓の向こうに銃身が見えたからだと言う。

八月一七日。水銀塗布療法中止。

九月一〇日。また尿を飲む。

一一月一〇日。引き続き激しい右側偏頭痛。――日付を聞かれて、九七年三月と答える。

一二月二日。夜中「完全に気の狂った女たちを見かけた」と主張する。

一八九〇年一月一日。最近全く無価値なもの、紙の切片、ぼろ切れなどを集める。

三月二四日。医師団の反対にもかかわらず、一時帰宅となる。


いささかショッキングな病状日誌であるが、これが脳の病気たる進行麻痺の病状なのだ。糞便糊塗や糞尿飲食は、右の引用日以外にも頻繁になされているが、その他の脳の器質的病変に由来する異常行動は、宮崎勤や酒鬼薔薇聖斗などの性格異常者の犯罪行動などとは質的に全く別のものであり、他の身体病と同様に身体医学的治療の対象となるべきものであることは、素人の人々にも一目瞭然であろう。

俗に言う「脳梅毒」、精確には神経梅毒性「進行麻痺」は、梅毒スピロヘータ（トレポネーマ・パリデュームという微生物）が脳内に侵入し、その神経組織を破壊することによって生じる。

実はこの病気は、スピロヘータ脳内侵入という原因が一九一三年に野口英世によって発見されるまで、つまり一九世紀後半までは多くの精神医学者たちによって「心理的な病気」と考えられていたのである。そして二〇世紀の初めには精神病院の入院患者の二〇％前後を、この麻痺性痴呆が占めていた。

その後、一九一七年のマラリア発熱療法と一九四四年のペニシリン薬物療法の開発によって進行麻痺（末期梅毒）は激減し、現代ではほとんど新規の患者を見なくなった。

ニーチェはワッセルマン反応出現（一九〇六年）と進行麻痺患者死後脳内の梅毒スピロヘータ発見（一九一三年）以前に進行麻痺性痴呆に罹患していたから、医師団はニーチェに対して稚拙な処置しかできなかったのは当然だが、その原因が梅毒感染によるものであることは、十二分に推測の域を脱している。(20)

いずれにしても重要なのは、この明らかな脳器質性精神病が一九世紀末まで「心理的原因」によるものと考えられていたことであり、この病気に罹った人々は、社会がこの疾患を道徳心の低下と家族構造の崩壊によって起こると見るために、汚名をきせられていた、ということである。

また進行麻痺は、その物質的‐身体的原因がはっきりと解明されている唯一の精神疾患であり、それゆえ精神病の原因を生物学的‐身体医学的病理に還元するための模範となった。それゆえ進行麻痺は「モデル精神病」とも呼ばれるのである。

また、精神病ではないが進行麻痺より、はるかに重大な脳の器質性疾患である「脳腫瘍」と、この疾患に伴う意識障害と精神症状のことも、ここで付け加えておきたい。なぜなら脳腫瘍は、分裂病よりもはるかに粗大な脳病変を伴うにもかかわらず、分裂病のようには決して忌み嫌われないからである。

脳腫瘍その他の脳疾患の患者は脳手術を受けた後、暴れないようにベッドに縛り付けられた状態にされるが、患者の中にはベッドごと背負って立ち、わめき散らす者までいるという。しかし我々は彼らを目の当たりにしても、分裂病者に対するような恐怖心を抱いたりはしない。

なぜなのだろうか。

彼らが、脳という目に見える物質が明らかに冒されている、ということを我々が知っているからなのである。それに対して分裂病は、目に見えない「精神」が異常を来したと考えられるから、人々は分裂病者を蛇蝎《だかつ》のように忌み嫌う。脳腫瘍や脳卒中なら自分も罹る可能性はあるから何ともない。でも分裂病、あれだけは別だ、あんなキチガイには、自分たちは絶対ならない、と一般人はのたまう。

ちなみに、我が国屈指の脳神経外科医と評価されながらも、自ら最も悪性の脳腫瘍（神経膠芽腫 glioblastoma）に罹患し、三度の大手術の後ついに息絶えた岩田隆信医師は、自らの闘病記の中で次のように述べている。(21)

精神神経科〔慶應大学病院〕の大野先生にも、いろいろとグチを聞いてもらい、抗うつ薬を出してもらい、服用していました。

死に至る病に対峙して生きていくには、けっして肉体的な問題を解決するだけでは十分ではありません。精神的な問題も同時に解決していかなければ、《生きていること》にはならないのです。

また、精神科の医師に診てもらうことも重要です。日本では、精神科に診てもらうというと、色眼鏡で見られてしまうようなところが残っていますし、家族の中にも抵抗を感じる傾向があります。

しかし、実際にうつ状態になった患者を、家族だけで支えるのはなかなか難しいものなのです。そこに、第三者的な立場から、専門的なアドバイスをしてくれる精神科医の協力を求める必要性があります。

岩田医師はここでは、末期癌患者の精神的ケアという観点から精神科の重要性を主張しているのだが、同時に精神科への一般人の偏見を批判している点が注目される。この偏見への批判は、一流の脳神経外科医から発せられたものだけに説得力がある。

岩田医師の場合は、グリオブラストーマ摘出手術後の合併症としての「うつ状態」が問題だったので、「心」の方に重点が置かれているが、我々の本節における主眼点は、分裂病を代表とする精神病を脳の病気に還元することが、とりあえず精神病への一般人の偏見を諫めるのではないのか、ということである。

ここで「還元」という言葉を使うことには少々抵抗感がある。というのも本書は、創発主義的精神生物学↓現象学的身体論↓器質力動論という順序で心身問題を論じてきたからである。これらの立場はみな還元主義ないし唯脳主義を批判するものである。

しかし精神病と精神医学に対する一般人の根強い偏見を打破するためには、生物学的精神医学の脳還元主義は、なぜか他のいかなる方法よりも有力なのである。いわれのない偏見によって苦しめられている精神病者を救済するために、とりあえずの方策として、プラグマティズム（実用主義）的観点から生物学的還元主義者の主張に耳を傾けてみよう。

ナンシー・C・アンドリアセンは、英文学の教授の身分を捨てて医学部に入り直し、卒業後精神科医（アイオワ医科大学教授）になった女性である。

彼女は、一九八四年に出版された著書『故障した脳――精神医学における生物学的革命――』[22]においてアメリカのこれまでの精神医学界をリードしてきた精神分析と行動主義を徹底的に批判して、精神医学を生物学（神経科学）に基づけようとする。つまり彼女は精神医学を「悩みをもった心」の研究から「故障した脳」へと移行させようというのである。

彼女によれば、精神疾患に対する敵意や批判的態度は、精神疾患への理解を深め知識を豊かにすることを通じてしか変えることができない。さらに精神医学がますます科学的で生物学的な方向に向かっていることに気づくべきであるとし、彼女は次のように述べている。

「精神医学は今や重い精神疾患を癌や高血圧が疾患（disease）と言われるのと同じような意味で疾患であると認識している。精神疾患は脳を冒す疾患であり、その脳は心臓や胃と同じように体の器官なのである。精神病のために苦しんでいる人々は、意志が弱かったり、怠け者であったり、性格が悪かったり、生まれ育ちが悪いということではなく、病んだ、あるいは、故障した脳（sick or broken brain）のために苦しんでいるのである(23)」。

また次のようにも述べている。

「精神疾患の原因に関する理解に混乱が生ずるのは、たいていの人々が心身二元論を想定し、心の病気は身体の病気とは違うはずだと考えるからである。人は身体に起こったことならどうにもならないが、心とか精神のことなら自分でコントロールできるはずだと考えるのである(24)」。

「精神疾患とはまさに神経回路の故障であり、この故障とは脳の神経が、自らの治癒能力では修復しがたいほどの重症を負った場合に生ずるものである。こうした脳内の〈故障〉が原因となる病気の場合、一般に人間らしさを発揮する能力が障害される。病気の原因となるこの脳内の故障とは身体の生物学的過程の故障であり、それは通常自己の治癒能力を超えてしまうものなのである。こうした理解は精神疾患における道義的責任についての我々の見解に劇的な転換をもたらすものである。精神病者は自ら病気を招いたわけではなく、自己の自由意志で治せるわけでもない。精神分裂病の犠牲者に〈改心〉を求めたり、もっと自己修養に励むように求めたりすることは、（普通の病気で言えば）あたかも心臓発作を患ったばかりの人にさらに階段を駆け上がるように命じるようなものである(25)」。

精神病を疎んじている人にとって、最後の文章は意外であると同時に啓発的であろう。

アンドリアセンは、アメリカにおける新クレペリン主義の代表者であり、クレペリンと同様に、精神病患者の心の内部から発する「主観的精神症状」よりも、外部から客観的に観察される疾患の過程（プロセス）ならびにその過程の基礎に存する脳の神経病理をひたすら重視する。つまり彼女の立場は生物学的還元主義なのである。そして、この生物学的（神経科学的）還元主義は、前掲の引用文にも表明されているように、「心身二元論」の克服を目指すものである。

しかし彼女の還元主義的な心身二元論克服の姿勢は、これまで取り上げてきた思想家たちのそれとは違い、「心」を消去する傾向を有している。この傾向は、例えば彼女の次のような言明に端的に表れている。

「〔神経科学の進歩によって〕人間がどのように知覚するのか、なぜそう行動するのか、精神病になった人は何が障害されているのかということを考える上で、〈心 mind〉の構成が理論的にどうなっているのかということや外界の環境からどんな影響を被っているのかということに頼らなくても済むようになっていく。その代わりに、直接に脳を研究することにより、脳がどのように機能するのか、脳がどのように故障するのかという観点から正常な行動と精神病の両者を理解することを目指すことができるのである(26)」。

アンドリアセンは人文学の出身の医者であるにもかかわらず、残念ながらクレペリンと同様に、いやクレペリン以上に「哲学的反省」の欠如した素朴な還元主義に身をやつしている。精神病が身体病と同じ「疾患（disease）」として、身体器官の一つである「脳」の神経病理に基づいていることは確かだし、その病理を解明することが精神病の成因の解明と治療法の開発にとって極めて重要なことは誰もが認めるべきことである。しかし「心の構成」や「環界からの影響」を全く無視するというのは行き過ぎである。これらの要素は、脳の営む「精神機能」に測り知れない影響を及ぼすものだからである。したがってアンドリアセンは、既にブンゲが批判していた「心なき神経生理学」の陥穽にはまってしまっているのである。既述のように、心を欠いた神経科学（脳科学）というものは、消化機能を無視した消化器医学のようなものである。そもそも胃や腸という消化器自体が、その臓器を所有する人間の精神状態や生活状況から測り知れない影響を受けているではないか。

例えばストレス性の胃炎・胃潰瘍や過敏性大腸症候群などは、それを病む当人の「心の構成」や「環界からの影響」から決して切り離して考えられないものである。その他、気管支、肺、心臓、甲状腺、生殖器、鼻腔、口腔……など身体器官のどれをとっても、それを所有する当人の「心の構成」や「環界からの影響」と密接な関係をもちながら機能し、その関係がアンバランスになれば、ストレス反応という形で機能障害を引き起こす。

ところで、ストレス感知の中枢は脳の中の脳と呼ばれる視床下部であり、各臓器はこのストレス感知中枢から送られてくる信号をもとにストレス反応としての機能障害を起こしている。そしてこの事態こそ、病気における「心身相関」と我々が漠然とながら理解しているものなのである（このことについては次章で詳しく論じることにしよう）。したがって、脳はまさしく「心」として身体と一体となって一つの有機体を構成している、とダマシオやエーにならって我々も理解すべきである。

病気の機械論的‐唯物論的モデルは身体医学においても単純には適用できない。いわんや精神医学においてをや、というところであろうか。(27)

それではアンドリアセンの立場は全く分が悪いのか。いや、そうではない。彼女の主張するような精神病の脳還元説は、やはり精神病に対する一般人の偏見を打破する上で最も有効なのである。

我々成人が幼児を相手に話すとき、しゃがんで、あやすような幼児対応言葉で語る様を思い浮かべてほしい。精神病・精神医学ビギナーに語りかけるための最初の言葉は、脳還元主義のそれがふさわしい。それは大人が身を屈めて「そうでちゅねー」と幼児に相槌を打つのと同じなのである。そうしなければ相手は、はなから逃げてしまう。あるいは懐《なつ》かない。精神病偏見症者への第一の説得策は精神病脳還元説である。

ところでWHOは「疾患（disease）」と「病気（illness）」と「患い（sickness）」を区別している。アンドリアセンは、精神病が身体病と同じ「疾患」であることを強調するが、「疾患」たるには次の五つの要因が必須である。

(a)　一定の原因
(b)　それによって生じる一群の症状（症候群）
(c)　特徴ある経過
(d)　特徴ある転帰
(e)　死後剖見による特徴的な病理所見

この五つの条件が充たされれば「疾患単位」と呼ぶにふさわしいのであり、精神病の中では、先述の「進行麻痺」がそのモデルである。

生物学的精神医学は、分裂病に代表される原因不明の精神病を何とかして「疾患単位」として認定させようと努力してきたし、アンドリアセンもそれに与しているが、彼女の理論は上述の理由でまだ未熟である。しかし今や世界をリードするアメリカの生物学的精神医学は、分子生物学によって武装し、さらに進化し、刷新された。しかも、それは驚くべきことに還元主義を乗り越えるものとなったのである。次節では、それについて考察することにしよう。

4　分子生物学的精神医学における反還元主義

一九五三年にＪ・ワトソンとＦ・クリックが遺伝子の本体たるＤＮＡ（デオキシリボ核酸）の二重螺旋・高分子モデルを発見して以来、生物学は赫奕たる進歩を遂げた。

ＤＮＡはヒトの体内に存在する数十兆個の細胞の核内に二三対の染色体として束ねられている。そして、それはアデニン（Ａ）、グアニン（Ｇ）、シトシン（Ｃ）、チミン（Ｔ）という四つの塩基を分子言語とする遺伝情報の貯蔵庫でもある。

遺伝子ＤＮＡは、それを所有する各人において塩基の配列が若干異なっているが、それは各人が両親から受け継いだ遺伝情報の違いをそのまま反映している。

ちなみに一卵性双生児のゲノム（二三対の染色体一組のこと）は出生時、全く同一である。つまり一卵性双生児は基本的にクローン人間である。しかし、同じ遺伝子構造をもつ一卵性双生児は、外貌はほとんど同じで体質的にもかなり似かよっているが、性格や生き方となると、かなりの差異が現れてくる。それは、遺伝子が環境と相互作用する性質をもっているからである。

遺伝子ＤＮＡはまた、両親からの遺伝情報を貯蔵し、ヒトの有機体の組成を先天的に枠組み付けているだけではなく、誕生から死に至る間のヒトの有機体の生理活動をもコントロールしている。そしてこのコントロールには環境からの情報入力が大きく関わってくる。その際、情報入力とは物理・化学的な物質的刺激入力と言語や生活状況のような心理・社会的刺激入力の両方を意味する。

図3－1　DNAの二重らせん

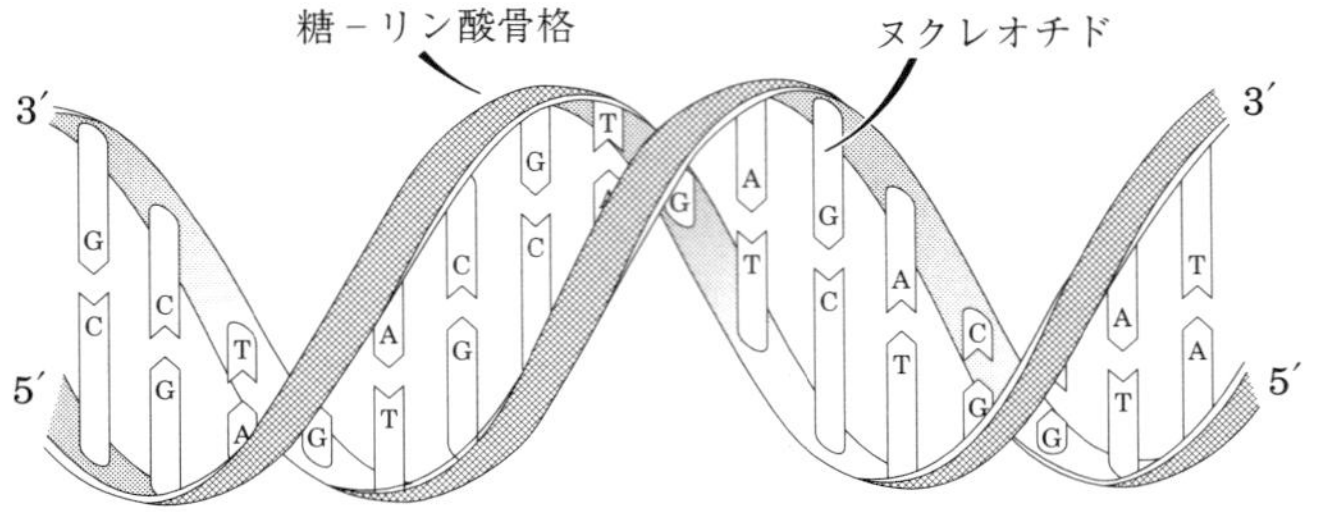

2本の相補的なDNA鎖がハイブリッドをつくり，二重らせんを形成している。二重らせんの2本の鎖は互いに逆向きになっている（逆平行）：一方の3′末端が他方の鎖の5′末端と向かい合っている。2本の鎖の糖リン酸骨格は二重らせんの外側に位置し，塩基は内側に向いている。DNAの二重らせんは，2本鎖の相補的な塩基間に水素結合が形成されることで安定化する。AとTの間には2つの，GとCの間には3つの水素結合が形成される。他の組み合わせの塩基の配列は不安定で起こりにくい。

（出所）　S.E.ハイマン／E.J.ネスラー『精神医学の分子生物学』金剛出版，21ページ。

人間の生物学を考える場合、物理・化学的情報入力と心理・社会的情報入力は、双方とも重要であり、両者の間に優劣関係は存在しないと考えた方がよい。

ところで、先天的に決定されたヒト遺伝子の構成（塩基配列）は「遺伝子型（genotype）」と呼ばれ、環境からの情報入力に応じて有機体の形質発現をもたらす遺伝子の側面を「表現型（phenotype）」と呼ぶ。一卵性双生児は遺伝子の遺伝子型は同一でも表現型は異なる。例えば、一卵性双生児の一人が分裂病の場合、もう一人もが発症するケースは五〇％にすぎないし、その他性格や生き方の点でも大きな違いを示すのは、同一の遺伝子型をもつクローン人間たる一卵性双生児でも、環境からの情報入力によって有機体の形質発現が違った様相を呈することを意味する。つまり遺伝子ないしゲノムは環境との相互作用において機能するのである。ちなみに形質発現は、情報がDNA↓RNA↓タンパク質という順序で伝達されることによるが、この逆の順序の伝達も存在し、それは環境からの情報入力が細胞核内からの遺伝子発現を促すことを意味する。

以上のような分子生物学の考え方は、生物学的精神医学にも強い影響を与えることになった。前節で紹介したアンドリアセンに代表されるような還元主義モデルの生物学的精神医学がアメリカを席捲したのは一九八〇年代までであって、一九九〇年代に入ると反還元主義的な分子生物学的精神医学の思想が効力を発揮し始めた。還元主義モデルの生物学的精神医学は、脳をニューロン間シナプスにおける神経伝達物質と受容体の関係に焦点を当てた、内分泌‐薬理学的な神経化学モデルの文脈で理解し、精神疾患もそのような脳理解に基づいて解明しようとしたものであった。それに対して、分子生物学によって洗練された新しい精神医学は、シナプス後のニューロン本体の内部で起こる複雑なシグナルカスケード（信号連鎖反応）まで視野に収めることによって、生物学的な見方と心理学的な見方の対立を認知情報生物学の観点から乗り越え、還元主義と二元論の双方を克服するものとなった。

ハーバード大学のS・E・ハイマンとイェール大学のE・J・ネスラーは共同で研究を進め、遺伝因子と環境因子の相互作用が精神疾患をもたらす機序の分子生物学的基礎を解明する方途を一九九三年に示した。

彼らは、脳が他の器官よりも多様な環境因子によって強く影響されているとし、「入力してくる感覚情報、抗精神薬、心理的経験やストレス、精神療法的な介入などすべてが脳に長期的な効果をもたらす[28]」と考える。また抗精神薬が脳機能に影響を及ぼす機序のうちで最も重要なのは、脳内の特定のニューロンでのシグナリング変換過程とニューロンの遺伝子発現の変化であるとし、次のように述べている。

「どのような環境刺激による長期効果も――たとえ話し言葉のように極めて抽象的な環境入力であっても――同じように伝達されていることは、ほとんど間違いない。おそらく、特定の神経回路網とそれに含まれるニューロンを活性化しているのであろう。シナプス伝達の結果、細胞内の二次メッセンジャーとタンパクのリン酸化の経路、

図３－２　遺伝子環境相互作用の模式図

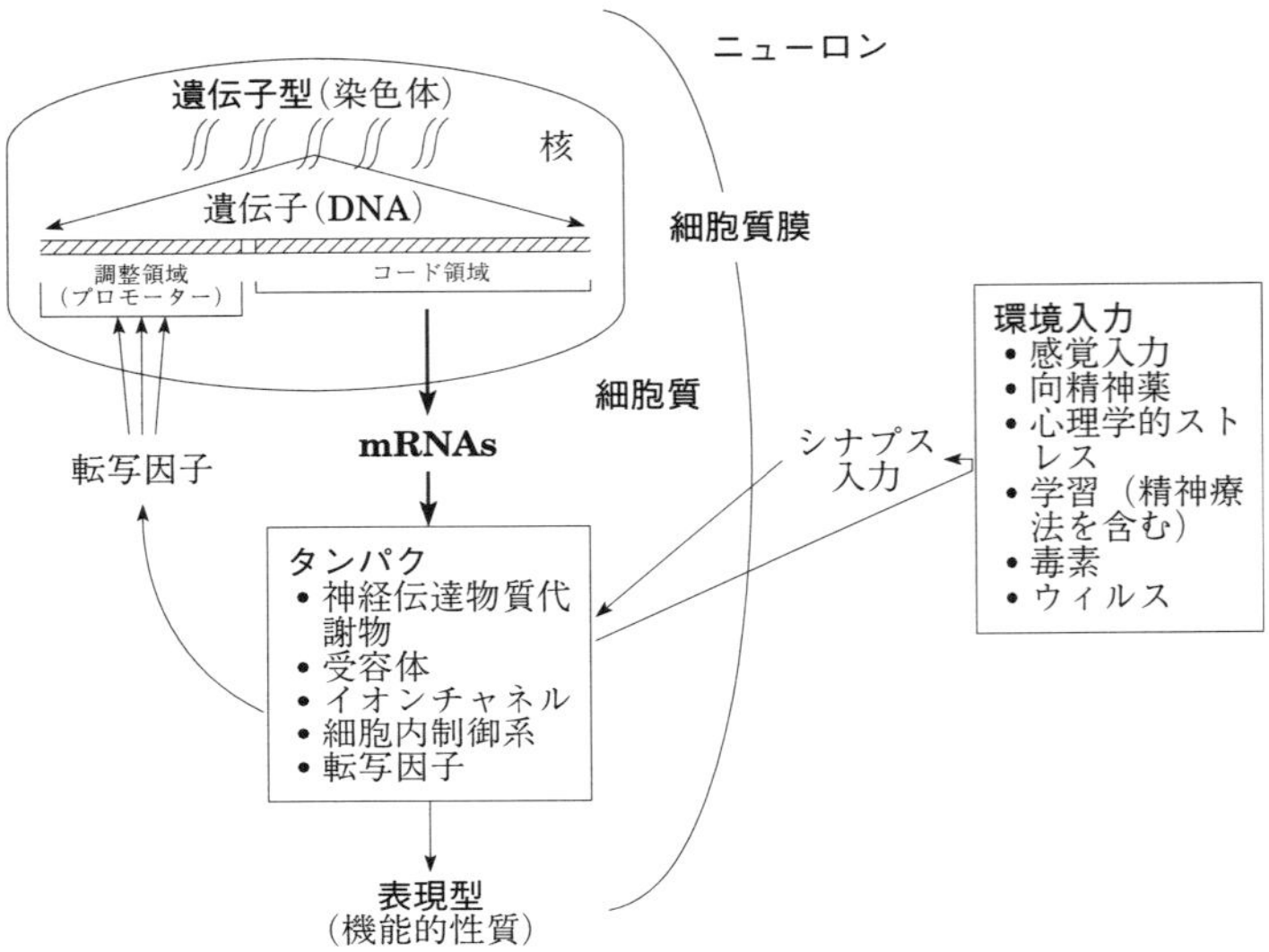

（出所） S. E. ハイマン／E. J. ネスラー『精神医学の分子生物学』232ページ。

転写因子、ＤＮＡ調節因子、そして最終的には特定の遺伝子の発現の活性化や抑制へと順に影響が及ぶ。広範囲の神経回路網内でのこの影響の総和が最終的には脳の全体の活動、すなわち総体としての個人の行動の長期的変化を引き起こすのであろう[29]」。

さて、先述のように環境因子は物質的なものと心理‐社会的なものに分けられるのだが、ハイマンとネスラーが両因子に優劣関係を認めないこと、それゆえ心身二元論を非還元主義的に乗り越えようとしていることが、この引用文から十分伺えると思う。

精神科における治療は薬物療法と精神療法（心理カウンセリング）を両軸としているが、彼らはアンドリアセンと違い、生物学的立場に立ちながらも、いささかも精神療法を軽んじることがない。彼らによれば、心理カウンセリングにおける対話も、精神疾患者の脳内の神経活動に対して薬物療法に劣らない効果を発揮するのである。これは「情報」生物学的立場が心身二元論を反還元主義的に止揚しうることを示している。

彼らはまた、心理的経験が個人のゲノムと相互作用して、どのように性格傾向や精神障害の発病に影響を与えるのか、ということに関して次のように述べている。

「生活上の経験は、知覚ニューロンを介して知覚される。例えば、視覚は網膜で、話し言葉は聴覚系で知覚される。次いでその知覚系だけに関係する知覚連合野、辺縁系へと続いてゆく。脳部位は次々に、分析し、解釈し、統合し、もとの知覚入力に応じて行動するために編成される」(30)。

我々は通常、心理的経験を脳内の情報処理過程から切り離して、純粋に「現象」面に着目して考察する。それゆえ精神分析で論じられるような幼児期の心的外傷（トラウマ）と脳の関係など最初から無視してしまう傾向をもっている。そこでメンタリズムの精神分析学と還元主義の生物学的精神医学の対立がいつまでも調停されないことになるのだが、両者ともエーの言う「精神医学殺し」を推進することは言うまでもない。

ハイマンとネスラーは、この「精神医学殺し」を殺すために、遺伝子と環境の相互作用から精神疾患の成因を解明すべきことを提唱している、と言ってよかろう。

次に彼らの唱える分子生物学的立場で着目すべきなのは、脳の神経可塑性に基づいて心身二元論を止揚することである。

彼らによれば、抗うつ薬や抗精神薬は、タンパクのリン酸化や遺伝子発現の調節を介して、神経伝達物質‐受容体系と細胞内情報伝達系に生じた急性の変化が持続的な変化を標的ニューロンにもたらすことによって精神疾患の症状を軽減させる(31)。さらに彼らは次のように考える。

「心理社会的介入もまた精神疾患の症状を軽減できるということは、その介入は脳内の特定の神経回路や細胞内伝達の活動性に急性の変化を与え、次いでタンパクのリン酸化や神経遺伝子の発現の調節を介して、特定のニューロンの機能をより長期的に変化させるのであろう[32]」。

彼らは明らかに心理社会的情報入力が脳の神経回路の再編を引き起こすと考えている。これはアンドリアセンのような生物学的還元主義者には考えも及ばないことである。

分子‐遺伝生物学は生命情報理論と深い関係をもっている。ハイマンとネスラーはシナプス後の細胞内におけるシグナルカスケードと神経遺伝子発現に着目しつつ、いわば生命情報理論の立場から生物学的因子と心理社会的因子の統合的理解の必要性を示唆したのである。しかも、この統合的理解は脳の可塑性理論と見事に合致している。

我々がこのことから示唆されるのは、ミクロの分子的次元とマクロの心理‐行動的次元を媒介する生命情報理論の観点からすれば、「生物学的」と「心理的」、ないしは「物質的」と「精神的」の対立が乗り越えられる、ということである。

ハイマンとネスラーによれば、生物学と心理学ないし身体と心のデカルト的二分法が心理学的要因と環境要因の相互作用、ならびに脳とゲノムの相互作用の両者間に因果関係があることを曖昧にさせ、我々を困惑させてしまう。その結果、脳に対する経験の影響はブラックボックスへと追いやられ、おざなりに触れられるだけで無視されがちとなる。しか、すべての心理的入力は脳に記録され、またすべての心理的出力は生物学的過程を表しているのだから、精神医学にとっての焦眉の急は、心と脳の過程の裏表関係を理解し、両者間の欠けた因果関係の輪をつなぐ特異的な生物学的機構を解明することである[33]。

最後に彼らの言葉を引用して本節を閉じることにしよう。

「我々は、心理学的な説明の重要性や有用性を軽視するような還元主義に賛成するのではないことを強調しておきたい（どうして自分の母親を嫌うのかと聞かれたとき、たとえ答えが量子力学や神経回路に基づくものであったとしても、心理学的レベルの答えの方が分かりやすいものである）。我々が言いたいことは、分子的・神経的および心理的それぞれによる分析の水準間には、因果関係があること、またこの因果関係を明らかにすることが、精神医学の基礎科学の中心的な仕事であるということである。そのとき初めて、最も効果的な治療法を開発するとともに、精神疾患を完全に理解することができるようになるであろう[34]」。

5　症例から考える「心」の意味

精神医学は「医学」である限り、精神疾患を身体の病理に基づいて理解し、治療しようとする。脳の機能的障害としての身体疾患を研究し治療するという点で、精神医学は神経内科学や脳神経外科学と共通点をもつ。しかし、精神医学にとって常に問題となるのは脳の器質的ならびに機能的障害に基づいた「精神症状」なのであり、精神科医は「故障した脳」だけではなく「悩める心」も治療しなければならない。

もし或る患者の脳に粗大な器質的病変があったとしても、その患者が「精神症状」を呈さなければ、彼は精神科の治療の対象とはならない。それに対して、或る患者が脳はもちろん他の身体部位のいかなる部分にも器質‐機能的病変を有さないとしても、「精神症状」を呈し、「心の悩み」を訴えるなら、彼は精神科の治療の対象となる。

我々は前節において、分子生物学の進歩に合わせて還元主義を脱した、新しい生物学的精神医学の思想に触れた。そしてそれが示唆しているのは、患者の「心」というものについて語り、その重要性を片時も忘れてはならないと考えることに対して、何ら後ろめたさを感じる必要がないということであるように思われる。

患者の「心」を忘れ去った精神医学は、消化機能を無視する消化器医学に等しい。

また、精神医学は精神障害者だけを治療の対象とするのではなく、一般の身体病者の「心の悩み」や身体疾患に合併する精神症状も治療の対象とする。コンサルテーション・リエゾン精神医学というのは、各診療科と協議しつつ連絡関係を形成しながら身体病の患者の「心のケア」を請け負うものであり、近年その重要性が注目されている。ちなみに一九九〇年代に東京・築地の国立がんセンターは「精神科」を設置した。

以上のことを銘記して、我々は次に挙げる二つの症例(35)の意味を考えてみよう。

症例①　診察前に何があったか——四二歳の男性、分裂病、入院一〇年二カ月

〈キー・ワード：患者の置かれた背景を探る〉

三九歳再発時の出来事である。
[彼は或る日作業場で、母危篤という連絡を受けた。作業指導員が「すぐ行ってやれ」と言うので、汚れた服のまま自宅（近所）へとんで帰った。既に母死亡。親類が集まって通夜の段どりを決めているところだった。兄たちは、客も多いし、「気違い」がいては困るということで、本人に「病院へ帰って着替えて来い」と病院へ帰した。その間、兄は病棟医師に連絡、「もうこっちに来させないでくれ」と言った。医師はそのまま了承した。本人の外出は禁じられた]。
[　]内は後日別の医師が作業指導員から聞き出したものである。
そして当然のごとく——本人は医師にくってかかる。話はもう支離滅裂である。「俺の二〇〇〇万円をどうした。俺を呼び返すとは何事か。〇〇社の社長と連絡をとっている。俺はワシントン大学の××博士を知っている。お前

だな俺を呼び返したのは！」と大声をはり上げた。医師の胸元をつかまえて殴りかかろうとした。看護人の応援を頼み、やっと数名でとりおさえられた。そして保護病棟に移され、個室に入れられ、カクテリン五〇mgが注射された。

そして病歴には再発「症状」が細かく記載されている。ところが［　］内の事情は全く伏せられていた。後でこのカルテを読んだ人は或る日突然この患者は再発し興奮した、と読むだろう。

翌日の主治医のカルテには「仰臥しているが大きな目を開いたまま。攻撃的、尊大な構え、硬く鋭い、笑顔も見せず、けわしい表情。病識全くなし。一方的でほとんど了解できない」とある。

落ち着くまで三カ月半を要した。

〈コメント〉　精神病院の医師、看護婦、家族が「精神病」をどう捉えてきたのかをこの例は端的に示している。彼らの置かれた状況を抜きにして（ペテンにかけて）すべての行動を病的な再発（症状）として捉えている。

以上の症例とコメントは、東京・上野で精神科クリニックを開業している浜田医師の本から引用したものである。浜田医師は開業医になる前に東大精神科講師をしていたが、それ以前のかなり長い期間を都立松沢病院ですごしている。

症例①は、いささか古い時期（しかしもちろん二〇世紀後半）のものであるが、昭和五九年の宇都宮病院事件[36]に代表され、現在においてもなお報道される郊外型精神病院での劣悪な患者待遇を、この症例は端的に表している。

我々は、この症例を(a)主治医の観点から、(b)患者の立場に身を置き換えて、(c)第三者つまり読者の視点、という三つの立場から考えることができる。

まず主治医の立場に立てば、件の患者は、自分が管理している一人にすぎず（劣悪な精神病院ほど医師一人に対する患者数が多い）、教科書的な対応をするのが精一杯である。特にこの場合、患者の兄からの強い要請があったので、こうせざるをえなかった。主治医の目に映った患者は、カルテに記してあるように強い精神運動性興奮の相を呈する、「治療（というよりは監禁）の対象である」。

主治医の目には確かに患者の典型的な分裂病性「精神症状」が映っているが、患者の「心」が視野から外れている。そして、この「心」は浜田医師がキー・ワードとして掲げた「患者の置かれた〈背景〉」と深く関係している。

主治医は、患者の置かれた生活的背景（この場合、特に最愛の母の死に直面すること）を顧慮して、患者の「心」を了解しなければならなかったのだが、彼はそれを怠っている。カクテリン（強力精神安定剤、ドーパミン系神経遮断薬）の注射は、この「背景」としての「心」を無視した強引な医療処置と言わざるをえない。

患者の置かれた生活的背景とは、ハイデガーやメルロ゠ポンティの言葉で言えば患者の「世界‐内‐存在」であり、医師は患者の実存的な世界内属的身体性の次元を見やりながら、患者の「精神症状」の意味を了解しようとしなければならない。それを、はなから無視して「了解不能」の烙印を捺すのは、臨床医としての資質が疑われる。カクテリン五〇mgの注射は、経口薬よりはるかに即効的に患者の興奮を押さえ込んだ。しかし、もし主治医に患者の「心」を了解しようとする姿勢があったら、また兄に弟を思いやる心があったなら、このような分裂病性「症状」は生じなかったであろう。

メルロ゠ポンティも言うように(37)、精神科医に要求されるのは、「幻覚」と「現実」が我々に現れ出る実際の状況の中へ我々を置き戻し、それらの具体的分化を、これが患者との交流の中で起きるその時点で捉えることなのであり、私（医者）の経験とそこに示されるがままの彼（患者）の経験を、彼の幻覚的信念と私の現実的信念をそれぞれ顕在化することであり、一方を他方によって「了解すること」なのである。

次に患者の立場に立って考えてみよう。しかし、これは極めて難しいことである。トマス・ネーゲルは What is it like to be a bat?（コウモリの気持ちが分かりますか）という問を投げかけて、他者の心を理解することの困難さを示そうとしたが、あらゆる病者、いやあらゆる人間の中で最も一般人（健常者）に対する他者性（エイリアン性）の強い分裂病者の心の理解は困難を極める。

確かに件の症例の場合も、「俺の二〇〇〇万円をどうした。……」というくだりは、エイリアン性を漂わせていて、患者の心には近づきがたいように思われる。しかし、自分の最愛の母親の死に目に会うことを、こういう形で妨害されたら、誰でも腹を立てるとは思わないか？　ただストレスに対する脆弱性（ドーパミン神経系の興奮しやすさ）が、一般人に恐怖の念を抱かせる精神運動性興奮を引き起こしたのである。

そもそも他者の心を理解すること自体が極めて困難なことである。いわんや分裂病者の心をや、と一般人は言いそうだが、患者の心を了解する姿勢が精神科臨床においていかに重要かは、本症例からも明瞭であろう。肝心なのは、分裂病者（他者）の心を完全に理解することではなく、なんとかして彼の心を理解してあげようとすることなのであるが、この素朴な事が意外と軽視され、強引な医療処置につながりやすいのである。

最後に、第三の立場から本症例を考えたらどうなるだろうか。実は、この傍観者的立場からの考察が最もたやすいのである。何とでも自分に都合のよい解釈ができる。

多くの人は、主治医や兄のとった措置をいたしかたないと率直に述べるかもしれないが、道学者めいて、精神病理学的基礎洞察もなしに、患者の人権を無視してはならない、などとのたまいそうでもある。

それはさておいて、読者は、この症例を優れた第三者の立場で見ていた人が存在することに気づいているだろうか。それは言うまでもなく、この症例を取り上げコメントを付している浜田医師である。浜田医師のような良心的な精神科医は、かなり多い。件の主治医にしても、良心を欠くというよりは、精神医療制度の欠陥と一般人（患者の家族も含む）の精神病に対する偏見のはざまで、あの医療処置をするに至ったと見ることができる。

しかし日本の精神科医が、患者の心を了解する学問たる精神病理学をおろそかにしてきたことを、この症例が表していることも、やはり否めない。

以上、三つの立場からする分裂病症例解釈の可能性を示したが、我々がここで気付くべきことは、「心」というものが基本的に「間主観的」なものであること、つまり自己と他者の間をダイナミック（力動的）に往還する現象だということであり、分裂病における脳内神経伝達物質の伝達障害も、この心のダイナミズムと相即不離の関係にあるということである。

次に挙げる症例も臨床における「心」の重要性を深く考えさせるものである。

症例②　治療後の自殺――二八歳の男性（銀行員）

〈キー・ワード：根源的不安、常識的に了解することの危険〉

肺結核でよくなり退院直後の自殺である。医師との直前の対話が興味深い。

医師：何だか少し元気がないようだね。どこか悪いのかね。

患者：どこも悪くありません。

医師：気がふさいでいるようだね。

患者：つまらないんです。何もかも。

医師：どうして？　失恋でもしたのかね〔医者がよくやる常識的な了解の一つのパターン！〕。
患者：失恋ならまだいいんです。僕は、自分が何のために生きているのか分からなくなりました。
医師：何を言っているんだね。病気は完全治癒だし、職場には戻れるし、これからじゃあないのかね。
患者：いいえ先生、病気の間は、治すという目的がありました。しかし治ったら一体何をしたらいいんですか。
医師：何をって、仕事が待っているじゃあないか。
患者：仕事ってそれ何ですか。僕、六年間そろばんはじいたり、金を数えたりして働いてきました。しかしそんなことは機械だってできることじゃあありませんか。僕はこの頃憂うつで仕方がないんです。こうして自分が二年間休んだって、銀行はちっとも困りませんでした。僕が休もうが休むまいが同じなんですよ。つまり僕の存在価値はゼロなんです。そんな職場に帰って何の喜びがあるものですか。

〈**コメント**〉医師は身体病は治せたが、生きる力を与えることはできなかった。「生の根源的不安——空虚と無意味に対して、その医師は「分かろう」としていない。無知か無関心である。ここでもこの患者を「うつ病」「問題児」「おかしな困った患者」と切りすてている。これでいいのだろうか。

症例①では医師側の「了解」的姿勢の欠如が問題であったが、本症例では常識的に了解することの危険が浮き彫りされている。

我々は本症例についても(a)医師の立場から、(b)患者の立場に身を置き換えて、(c)第三者つまり読者の視点、という三つの立場から考えることができる。

まず医師の立場からすれば、肺結核は治ったのだから内科医としての自分の仕事は終わりだ、後は君（患者）自身の生き方の問題であって、私が関わるべきことじゃない、というところであろうか。「だいたい肺結核自体が、もうたいした病気じゃないんだよ。お前、肺癌の患者がどんなに苦しんでいるか考えてみろよ。全く、もう、こっちは忙しいんだよ。甘ったれんな」。私がこの医師の立場に立ったら、心の中でこのように叫ぶだろう。

次に患者の立場に身を置き換えてみることはどうだろうか。症例①より、こちらの方がそれはたやすいであろう。分裂病者の心性が一般人には理解しがたいのに対して、うつ病やうつ状態の人の心性はなじみやすい。一生のうちで、軽度のうつ状態を一度も経験しない人は皆無とさえ言えるからである。

しかしこの患者の場合、自分の生の意義が見いだせない、という苦境に追い詰められている。自分の生の空虚さに心底、打ちひしがれているのである。

「私は、肺結核で入院していたときの方が、まだ安住感があり、心のゆとりがあった。身体の病気は怖かったけど、精神的にはむしろ充実していた。これまであくせく働いて、自分の人生の意味など考える暇もなかったけど、院内に居る間は、自分の人生の意味をしみじみと考えることができたんだ。でも治ったので、また職場復帰だ。あんな職場には二度と戻りたくない。といっても、仕事することがそもそも嫌だというわけじゃないんだ。何か生きがいを感じるような自分の天職を見つけたいんだ。例えば看護士になるとか……」。私がこの患者の立場に立ったら、このように心の中でつぶやくであろう。

うつ状態にある人は自殺の危険性が非常に高い。特にこの患者の場合、生の空虚感と無意味さに対する「根源的不安」に苛まれているので、要注意である。

浜田医師は、この医師が「身体病は治せたが、生きる力を与えることはできなかった」とコメントしているが、これは技術至上主義の医学にドップリと浸かった医者すべてに発せられるべき警告である。

医者は、自らが対処する患者が常に心的な苦悩と身体的な苦痛に苛まれた者、つまり心身統合的な全体的存在であることを片時も忘れてはならず、そのためにはあえて科学者であることを超えて患者の実存的次元（心）に関わっていかなければならないのである。

最後に第三者にとって、件の医師と患者の対話はどのように受けとめられるのであろうか。

まず医師と患者のどちらの肩をもつのかが問題である。

身体科の大多数の医師やコメディカルは、件の医師が何ら責められる筋合いはない、と考えるであろう。いや、このようなことを問題とし、「医師は身体病は治せたが、生きる力を与えることはできなかった」とコメントする浜田医師の口調に憤りを感じるであろう。それに対して精神科の医師やコメディカル、あるいは精神医学も勉強している一般の医師ならば、「うつ状態」を呈し、「生の根源的不安」を訴える患者を軽くあしらった件の医師を非難するであろう。

しかしアンドリアセンのような生物学的還元主義の精神科医が、このような症例に適切に対処できるかどうか心配である。アンドリアセンは新クレペリン主義の代表者であるが、クレペリンは精神医学における厳密な「疾患単位」説を強調し、患者の「主観的訴え（心的苦悩）」を自然科学的精神医学の対象とすることを極力避けた人であった。クレペリンのこの姿勢は、アメリカの新クレペリン主義において、さらに先鋭化され、新クレペリン主義者たちは精神障害の操作的（マニュアル的）診断方法をますます推進させた。しかし、このマニュアル的診断方法は、患者の実存的苦悩や自殺に対処することを最も苦手とする。それは生の根源的不安に対して全く盲目である。

信州大学精神科教授の吉松和哉は、アメリカ精神医学会によるＤＳＭ（精神障害の診断と統計のためのマニュアル）が初期分裂病者の苦悩に対して全く盲目であることを指摘しつつ、初期分裂病者の自殺の危険性が極めて高いことに注意を促している。例えば、集団の中における自己の位置付けに混乱を来している初期分裂病の学生は、非常に苦しみ、アンヘドニア（不快地獄）の世界の中で、あの世へ、あの世へという渇望がものすごく強い。

ＤＳＭの操作的診断基準では、このような学生の苦悩は全く引っ掛かってこない。しかし、その苦悩を医師が見過ごせば、学生は自殺する危険性が非常に高い。「自殺を防ぐことは医者にとっての最大の使命である」と吉松は力説している[38]。

この話に関連して、第３節でも触れた岩田隆信医師のことをもう一度取り上げよう。

彼は、我が国屈指の脳神経外科医と評された昭和大学医学部助教授であったが、自ら最も悪性度の高い脳腫瘍たるグリオブラストーマ（神経膠芽腫）に罹患してしまった。彼は母校の慶應大病院での三度の手術と、その後の闘病の末、一九九八年に永眠したが、闘病記『医者が末期がん患者になってわかったこと』の中で、執拗に自殺への衝動と死の恐怖を訴え、精神科の重要性を説いている。

例えば彼は次のように述べている[39]。

人間は病気になれば必ずうつ状態になると言ってもいいと思います。そして、うつ状態になると、たとえ病気が軽くても自殺してしまうようなことも起きてくる。まあ、自分でなってみないと分からないでしょうけれども、とても普通の生活には耐えられない精神状態に陥り、そこから抜け出せなくなってしまうのです。

そして、そんな患者さんの状態を見極めるには、癌の専門医だけではとても力不足なのです。やはり、プロである精神科のドクターの協力が必要なのです。これは警告とか戒めということではないんですよ。実は、ほとんどのドクターが、心の奥底では感じているはずのことなのです。そういう、自分の心の底にありながら、色々な事情で、日頃、目をそむけていることに目を向けて欲しいということなんです。

脳神経外科医は概して精神的な問題に対処するのが苦手である。しかし岩田医師は、自らうつ状態になり、自殺への衝動と死の恐怖に苛まれた経験から、精神科医による「心のケア」の重要性を手術後の激痛と麻痺と戦いながら、すべての医師に訴えかけようとした。

我々は彼の言葉を畏敬の念をもって真摯に受けとめようではないか。そして、精神病（精神医学）においてはもちろん、すべての身体病（身体医学）においても「心」が極めて重要な意味をもつことを承認しようではないか。「病気を診ずして病人を診よ」という臨床医のための教訓は、臨床における「心」の重要性を言い表したものでもあるのだ。

6　精神医学と心身問題

本章はアンリ・エーの器質力動論と心的身体の概念の考察から始めて、生物学的還元主義の意外な価値を瞥見しつつ、分子生物学の摂取による生物学的精神医学の深化を論じた。さらにその深化に関連させる形で、具体的症例の考察から「心」の重要性を浮き彫りさせた。

本章の論述は、脳と心の間で、あるいは還元主義と反還元主義の間で大きく揺れ動いた。それゆえ読者は少々、混乱しているかもしれない。しかし我々の意図は一貫している。それは、精神医学にとって心身二元論の克服が必須であるということである。そしてこの二元論の克服は、精神病に対する偏見と心理学的見方の軽視を克服することと同時進行するということ、このことを我々は浮き彫りさせたかったのである。

ところで心身問題はもともと哲学上の問題であった。したがって、それは基本的に形而上学的性質のものである。それに対して精神医学は、臨床医学の一部門として精神疾患の成因の解明と治療に携わるものであり、基本的に形而下の具象的問題に関わるものである。

抽象的な哲学的心身問題と具象的な臨床精神医学。この二つのものを結び付けるものは何か。それは精神医学が「医学」でありながらも、「心」や人間の基本的「生き方」といった抽象的な事柄に関わらざるをえないからである。

或る内科医は、精神医学のことを揶揄して、「あれは医学かね、文学じゃないのかね」と言ったそうである。

精神医学のうちで、心や人間の生き方といった抽象的な領域を扱うのは「精神病理学」と呼ばれる。それに対して、精神医学を「医学」たらしめているもの、つまり身体病理学の標準的方法に則って精神疾患の成因を解明し治療法を発見しようとするものは「生物学的精神医学」と呼ばれる。

精神病理学は、精神症状の正確な把握を目指す記述的精神病理学（あるいは現象学）と精神症状のもつ心理学的意味を探究する力動的精神病理学（あるいは深層心理学的精神分析）に大別されるが、記述的精神病理学は臨床精神医学の症状学の基礎であり、力動的精神病理学は心理的病因論と精神療法の発展に寄与している。

生物学的精神医学とは、神経病理学、神経生理学、神経化学、神経薬理学あるいは精神薬理学、遺伝生物学を精神医学の臨床に応用する手法に他ならず、それゆえ神経病学と密接に関係している。

臨床精神医学は、この精神病理学と生物学的精神医学を両軸として成立するものなのだが、両学問はそうたやすくは協力関係を築きにくく、それぞれ独自の道を進みやすい。

この事態はまさしく、身体と心、あるいは精神と物質が、そうたやすくは統合的に理解しいくく、二元論的ないしは、どちらか一方に還元するという仕方でしか捉えがたい、という哲学的心身問題の困惑的事態を表現している。もちろん、これまで何度も繰り返し述べてきたように、古来、深い生命の思想に根差した者は、みな心身二元論を乗り越える有機的人間観を表明してきた。

精神医学においてもまたしかりである。本章で取り上げたエーの器質《オルガノ》（有機）力動論《デュナミスム》は、精神医学における有機的人間理解の代表例であるが、それはまた精神病理学と生物学的精神医学を統合的に理解する基盤を準備するものであった。

エーが心身二元論克服のために四〇年の歳月を費やしたことに我々は畏敬の念をもち、彼の姿勢（哲学）を現代に生かさなければならない。

いずれにしても精神病理学と生物学的精神医学の仲の悪さは、「同じコップの中の喧嘩」にすぎない。「治って欲しいという心」が自然に浮かべば、両学問の距離は自然に縮まる。そして、この「治って欲しいという心」が自然と浮かぶ、まさにその過程を理論的に精密に把握する地点にこそ「精神医学と心身問題」の関係を考える価値があるのである。

註

（1）アンリ・エー『ジャクソンと精神医学』大橋博司他訳、みすず書房、一九七九年
（2）アンリ・エー、前掲書、一三ページ以下
（3）アンリ・エー、前掲書、一四ページ
（4）アンリ・エー、前掲書、一五―一七ページ
（5）精神医学史における器質論と心因論の対立については以下を参照。八木剛平・田辺英『精神病治療の開発思想史――

ネオヒポクラティズムの系譜』星和書店、一九九九年
(6) アンリ・エー、前掲書、二九ページ
(7) アンリ・エー、前掲書、二二一―二二五ページ。また三浦岱栄「ジャクソンとネオジャクソニズム」(井村恒郎他編『異常心理学講座 10・精神病理学』みすず書房、一九六五年)を参照。
(8) アンリ・エー『意識・I』大橋博司訳、みすず書房、一九八五年、一五ページ
(9) アンリ・エー『ジャクソンと精神医学』二二六ページ
(10) アンリ・エー、前掲書、二三一ページ
(11) Vgl. M. Heidegger, *Zollikoner Seminare*, V. Klostermann, Frankfurt am Main, 1987.
(12) アンリ・エー、前掲書、二二六ページ
(13) アンリ・エー、前掲書、二二八ページ
(14) アンリ・エー、前掲書、二二八ページ
(15) アンリ・エー、前掲書、二二九ページ
(16) アンリ・エー、前掲書、二三〇ページ
(17) アンリ・エー、前掲書、二七八ページ
(18) アンリ・エー、前掲書、二五五―二六七ページ
(19) 小林真『ニーチェの病跡――ある哲学者の生涯と旅・その詩と真実――』金剛出版、一九九九年、四〇―四七ページ
(ちなみに小林真はドイツ文学者兼精神科医である)
(20) 小林真、前掲書を参照。
(21) 岩田隆信『医者が末期がん患者になってわかったこと』中経出版、一九九八年、一四八ページ
(22) N. C. Andreasen, *The Broken Brain: The Biological Revolution in Psychiatry*, Harper & Row, New York, 1984.
(岡崎裕士他訳『故障した脳』紀伊國屋書店、一九九一年)
(23) N. C. Andreasen, *op. cit.*, p. 8.

（24）N. C. Andreasen, *op. cit.*, pp. 218f.
（25）N. C. Andreasen, *op. cit.*, pp. 219f.
（26）N. C. Andreasen, *op. cit.*, p. 138.
（27）H・R・ウルフ／S・A・ペデルセン／R・ローゼンベルク『人間と医学』梶田昭訳、博品社、一九九六年を参照。
（28）S・E・ハイマン／E・J・ネスラー『精神医学の分子生物学』融道男・澁谷治男訳、金剛出版、一九九七年、二三一ページ
（29）S・E・ハイマン／E・J・ネスラー、前掲書、二三一ページ以下
（30）S・E・ハイマン／E・J・ネスラー、前掲書、二三六ページ
（31）S・E・ハイマン／E・J・ネスラー、前掲書、二三八ページ
（32）S・E・ハイマン／E・J・ネスラー、前掲書、二三九ページ
（33）S・E・ハイマン／E・J・ネスラー、前掲書、二四〇ページ
（34）S・E・ハイマン／E・J・ネスラー、前掲書、二四一ページ
（35）浜田晋『一般外来における精神症状のみかた』医学書院、一九九三年、五三、二二〇ページ
（36）宇都宮病院を代表とする精神病院の悲惨な状況とそれに対する改善策については、石川信義『心病める人たち――開かれた精神医療へ――』岩波新書、一九九四年を参照。
（37）Cf. M. Merleau-Ponty, *Phénomenologie de la perception*, Gallimard, Paris, 1945, pp. 389f.（竹内芳郎他訳『知覚の現象学・2』みすず書房、一九八五年、一九六ページ）
（38）「ディベート・精神医学の対立点〈操作的診断の功罪〉」（『精神神経学雑誌』九九巻一〇号、一九九七年）七五四―七五五ページ
（39）岩田隆信・岩田規子『続・医者が末期がん患者になってわかったこと』角川文庫、一九九九年、一七九―一八〇ページ

第4章

心身医学と心身問題

前章では精神医学と心身問題の関係を論じたが、本章ではよりダイレクトに心身問題に関係する医学分野としての「心身医学」に焦点を当てることにする。

心身医学の誕生は精神医学よりもさらに遅く、二〇世紀に入ってからである。また病院において心身医学が標榜する診療科は「心療内科」と呼ばれるが、これが正式な標榜科目として認定されたのは日本においては一九九六年である。

もちろん既に数十年前から我が国において心身医学は活動を開始していたし、心療内科も少ないながらも存在した。

このように、正式な臨床医学の一分野ないし診療科目としては歴史の浅い心身医学と心療内科ではあるが、実はその理想とする医学観と治療理念は、古代ギリシャにおける西洋医学の黎明期に既にその萌芽が見られる由緒正しいものなのである。哲学者のプラトンとアリストテレスはともに心身統合的な医学哲学観を表明していたし、何よりも西洋医学の祖たる医聖ヒポクラテスが今日言うところのホーリスティック医学の理念を掲げ、実践していたのである。

さて、近代医学はデカルトの心身二元論の哲学に則り、機械論的身体観の下に驚異的な技術的進歩を遂げた。しかし、それは病める人間の「心」を置き去りにしてしまった。

ストレス社会と言われる今日、原因不明の心身の不調に悩まされ、多くの診療科を巡った末（これをドクター・ショッピングと言う）、「心療内科」に辿り着くというケースがいよいよ増加してきている。つまり心療内科は患者であふれているのである。

心身医学は、アメリカの精神科医が中心となって、精神分析を内科学に導入したことによって誕生した(1)。その後キャノンの情動生理学やセリエのストレス学説も導入し、その視野を広げた。さらに近年、精神神経免疫学の興隆にともなって心身医学はさらに科学的実証性を高め、また分子生物学の知見を取り入れることによって、ストレスと遺伝子発現の関係にまで視野が広がった。

そして何よりもまず我々が注目すべきなのは、心身医学が医学の終着点とも聖域とも言うべき「癌の精神療法」の可能性を本格的に論じ始めたことである。これは直前に述べた精神神経免疫学と分子生物学的ストレス理論によって可能となったことであるが、同時に「情報」生物学理論とも深く関係している。

本章では、まず⑴哲学的心身問題と精神神経免疫学の関係を論じ、次に⑵ストレスと癌免疫力の関係を中心に、主観的ストレスと神経免疫機能ならびに染色体遺伝子変異の関係を考察し、最後に⑶情報物理学の理論を心身医学に応用したA・L・ロッシの精神生物学的立場を紹介することにする。

1　哲学的心身問題と精神神経免疫学

前章の第6節でも述べたように、哲学的心身問題は元来抽象的で形而上学的なものであって、具象的な臨床医学には直接応用できない。にもかかわらず、精神医学や心身医学を中心とする医学ないし医療は、患者の心と身体の関係を常に考えることを余儀なくされるというのが実情である。とりわけ心身医学は、この関係に基礎と臨床の双方において常に取り組まなければならない。

ところで精神医学が身体の中でも特に脳と心（精神）の関係を究明するのに対して、心身医学は身体全体（もちろん脳も含む）と心の関係を研究する。

精神医学（精神科）と心身医学（心療内科）の区別は一般人には明瞭ではなく、一見境界線がないように思われがちだが、医学的には明瞭なラインが引かれている。

精神科の病気は、前章でも詳しく説明したように、「精神症状」が必須な脳の機能障害であるのに対して、心療内科の扱う病気は、身体疾患の中でその発症に心理社会的因子（ストレス）が密接に関与し、器質的ないし機能的障害が認められる病態を呈するものを言う。つまり「心身症」を心療内科は扱うのである。

換言すれば、心療内科は精神科と同様に疾患の精神的側面に関わるが、基本的に「内科学」に属すものであり、身体病の治療を目標とするものなのである。「心療内科」とは、「心理療法を行う内科」の略称である。

精神科と心療内科は以上のような明確な境界線をもつと同時に、接点をもっていることも事実である。特に「哲学的問題」に関心をもつという点では、医学各領域の中で両科は群を抜いている。また、哲学者が医学の中で特に興味をもつ領域は精神医学と心身医学である。

哲学者の坂本百大（日本科学哲学会会長、日本生命倫理学会会長）は「精神神経免疫学と哲学的心身問題」[2]という興味深い小論を書いている。

精神神経免疫学（PNI : Psychoneuroimmunology）とは、ヒトにおける精神‐神経系と免疫系の機能相関を探究する学問である。

坂本も指摘しているように、この探究の萌芽は、アメリカのサイナイ病院の研究チームがラットにおける脳と免疫系の関連の立証に成功したことにある。彼らはモルモットの視床下部前葉を破壊した後免疫実験を行い、脳部位の破壊と免疫反応の関連に関する機能の脳における局在が明らかにされていった。

また、首から下の身体の細胞から脳‐神経系へのフィードバックも存在する。[3] つまり免疫細胞（T細胞）から分泌される免疫サイトカインは免疫細胞間の情報伝達を行うだけではなく、ニューロン（神経細胞）とも作用して、発熱、催眠、食欲低下などの神経生理反応を引き起こすのである。その際、脳内の神経伝達物質（セロトニン、ノルアドレナリン、ドーパミンなど）の濃度に変化が起こっている。するとまた、ストレスを感知した脳（精神 - 神経系）が身体の免疫系に悪影響を及ぼすという循環が生じることになる。

坂本の視点は以上のような精神神経免疫学の実証データが西洋古来、とりわけデカルト以来の哲学的心身問題にいかなる影響を与えるか、ということにある。

これまで何度も述べてきたようにデカルトの立場は基本的に心身二元論であり、心（精神）と身体（物質）をそれぞれ独立の実体として捉えるものであった。それゆえ、デカルトに端を発する心身問題（心身論）は、この相互に全く無関係に働く二つの実体間の関係を問うものとなった。これが機械論的唯物論やメンタリズムの唯心論を派生せしめたことは、既に第1章で詳しく論じた。

坂本は、この伝統を踏まえつつも独自の心身二元論克服を試み、自ら「原一元論（urmonism）」という立場を標榜している。(4) しかし、この原一元論は決して還元主義的唯物論ではない。そこで彼は、精神神経免疫学における脳 - 神経系と精神の無反省な同定の姿勢に異議を申し立てる。つまり精神神経免疫学において問題となっているのは、常に脳損傷と免疫系の関係やT細胞と神経内分泌作用の関係というような、一つの身体部分系と他の身体部分系との間の相互関係であって、決して哲学的心身問題で取り上げられるような心と身体の関係ではない、と彼は考え、それゆえ「精神神経免疫学」から「精神」という語を取り去って、「神経免疫学」と称すべきだと主張するのである。

しかし坂本は決して二元論やメンタリズムを主張しようとするのではなく、脳 - 神経系の機能を無反省に「精神」と同定することを戒めているのである。そして彼の次の主張は注目に値する。

「ここで敢えて精神（心）と神経的過程とを接触させようとするならば、その脳神経過程を同時平行的に体験している精神現象として読み換えるという便法をとる以外はない。つまり、私が私的に今体験している精神現象の過程をそれと同時に起こっていると公共的に観察される神経系の過程と同一であると規約することである。このように考えれば、脳神経免疫学が精神神経免疫学と自称することも正当化されるだろう[5]」。

本書は、これまでに幾つかの心身二元論克服の哲学を閲覧してきたが、坂本のこの発言も非常に啓発的である。精神神経免疫学は、心身相関の科学的実証性をいよいよ確固たるものにしたが、医学者や神経科学者たちは哲学的（科学基礎論的）概念整理には意外に疎いものである。彼らにとって重要なのは、あくまで実地の臨床的治療効果とその基礎となるべき生理学的実証データの蓄積である。そこで、おいおい抽象的で形而上学的な議論は避けたくなる。できるならば、それに関わりたくない。あるいは、そんな議論は不毛であり、不要だと考える。しかし科学の進歩、とりわけ神経科学（脳科学）や精神医学や心身医学の進歩を支えてきたのは、暗々裡に顧慮され続けてきた、科学基礎論的議論なのではなかろうか。

精神医学が素朴な還元主義的唯物論の哲学を採れば、それはこの学問に弊害をもたらし、その治療実践にも悪影響を及ぼすことは既に前章で確認しておいた。科学論（哲学）はあくまで必要なのである。

産業医科大学は「生涯にわたって哲学する医師を養成すること」を教育理念として高々と掲げているが、この哲学理念はあらゆる科学者に理解してもらうべきものである。

これまでに何度も述べてきたように、今世紀は「脳と心の科学」の時代である。科学はいよいよ「心」ないし「精神」というものに真剣に取り組み始めた。精神神経免疫学は、まさにこの動向を代表するものである。

他方、哲学者にも科学の最先端の研究に追いつき、それを勉強することが要求される。単に学説史的で文献学的な研究や抽象的な机上の空論に明け暮れるのではなく、科学と積極的に対話しながら、「哲学すること」の重要性を一般人に訴えかけるようにしなければならない。それこそをアリストテレスやデカルトが望んでいたのではなかろうか。

2　主観的ストレスが癌免疫力ならびに染色体遺伝子に及ぼす影響

前節で紹介した精神神経免疫学について、最も重篤な身体病である癌との関連で、さらに掘り下げて考察してみよう。その際注目されるべきなのはストレスと癌免疫力との関係である。

ストレス（stress）とは本来、物理学において使用される用語で「圧力」を意味するが、心身医学においては、外的ストレス因子（ストレッサー）が人間の内的過程（心身）に悪影響を及ぼすこと、つまり外的ストレッサーとストレス反応を合わせて「ストレス」と言う。

ストレッサーは物理‐化学的（物質的）なものと精神心理的なものに大別されるが、精神神経免疫学において注目すべきなのは、言うまでもなく後者、つまり精神心理的ストレッサーである。

精神心理的ストレッサーは、脳内の視床下部によって感知されＣＲＨ（コルチコトロピン放出ホルモン）を通じて下垂体にストレス刺激が伝達され、下垂体からＡＣＴＨ（副腎皮質刺激ホルモン）の上昇を受け、副腎皮質からコーチゾールに代表される副腎皮質ホルモンが血中に放出される。一方、視床下部が感知した精神心理的ストレッサー刺激は交感神経系にも伝達され、副腎髄質からはアドレナリンやノルアドレナリンなどのカテコールアミン類

図 **4－1**　人体のストレス反応系概要

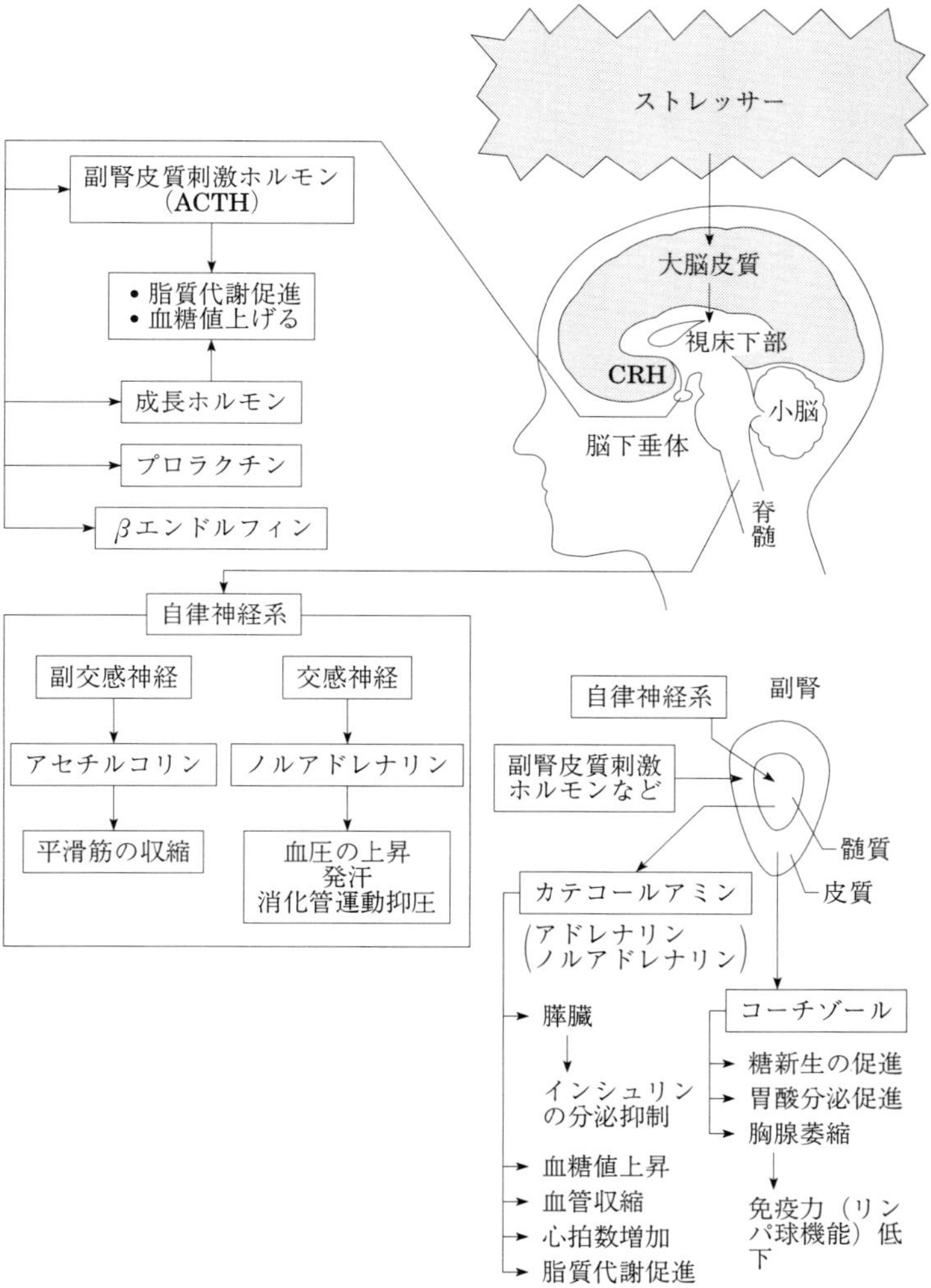

（出所）　森本兼曩『ストレス危機の予防医学』NHK ブックス，142ページ。

が血中に放出される。これらのカテコールアミン類は種々の生理・薬理学的な機能をもっているが、血管を収縮させ血圧を上げる作用など、通常の日常生活で我々が経験する身体的なストレス反応を誘発する際に重要な役割を演じている（図４-１を参照）[6]。

ところで脳内の視床下部に伝えられた精神心理的ストレッサー刺激は、血中コーチゾールの増加としてすぐさま反映され、種々のリンパ球機能を低下させる。リンパ球が担う代表的機能として、免疫学的な防御機構が存在するが、この防御機構の中枢となるのが、リンパ球のナチュラルキラー（ＮＫ）細胞の活性化であり、この活性化こそ初期の発癌防御を担っていると考えられるのである。つまりＮＫ細胞は、癌化した細胞の細胞膜を溶かす酵素を、次にその細胞内に、タンパク質やＤＮＡを切断するフラグメンティンと総称される酵素類を注入し、最終的に癌細胞を破壊死滅させる機能をもつのである[7]。

ＮＫ細胞の活性は癌の発生と進行と予後に深く関係し、それゆえ癌免疫力に大きな影響を及ぼす。そしてストレスとＮＫ細胞活性が低く癌免疫力が弱いと判定されたグループは三年後では六〇％が死亡していたが、ＮＫ細胞活性が高いグループでは三年後の死亡率は一五％にとどまった、と森本は報告しているが[8]、この種のデータには枚挙に暇《いとま》がなく、ＮＫ細胞活性化と癌免疫力の関係はほぼ完全に実証されていると言える。しかし問題なのは、ストレス、とりわけ精神心理的ストレッサーと癌免疫力の関係である。

ＮＫ細胞活性は、加齢、喫煙、飲酒、食事内容・栄養バランス、睡眠時間、運動習慣、ノイズ・騒音、体温などといった生物-物理化学的な因子と関係することについては一般人の了解は容易に得られるが、受験ストレスや笑い・ユーモアといった精神心理的因子がＮＫ細胞活性化に関係し、その結果癌免疫力に関係するということについては一般人は抵抗感を示しそうである。

なぜなら、これまでに何度も述べてきたように常識は基本的に心身二元論的なので、精神心理的ストレスが、完全に物質的次元の事柄に属す癌の発生と予後に影響を与えるなどとは考えられないからである。

精神神経免疫学を研究する者は、概して哲学的心身問題などあえて顧慮することはないし、自らの学説を一般に布教する際に、あらかじめ心身二元論は間違いであるなどと説明することもない。つまり彼らにとって、心身相関は臨床上自明のことなのであって、あえて哲学的議論をもち出す必要はないと考えるのである。

しかし、それでは精神心理的ストレスと癌の相関についての一般人の了解を得ることは難しくなる。大体の人が「そんなことありえない」で終わってしまう。これではサイコオンコロジー（精神腫瘍学）の研究と実践が大きく阻害されることになってしまう。

サイコオンコロジーは、もともとコンサルテーション・リエゾン精神医学の臨床実践から生まれ育ったものであって、癌の診断、治療が患者、家族、医療スタッフの精神・心理・社会的機能に及ぼす影響を研究し、それらにどう対処し、どう介入するかを示すためのものである。そして、この動向に本節で取り上げた精神神経免疫学という生理学的研究が付け加わったのである。(9)

しかし精神科医や心療内科医や精神神経免疫学者以外の医者や一般人（特に患者や家族やコメディカル）がサイコオンコロジーに疑いの念をもち、心理的因子と癌の関係を無視しようとするなら、これは癌医療にとって大きな障壁となる。この障壁を除去するためには、やはり哲学者と精神神経免疫学者が協力して、一般人の心身二元論的迷信を啓蒙しなければならない。その際ストレスとは、物質的とも精神的とも考えられるファジーな概念であることに注目させることが肝要である。

先程挙げた、NK細胞活性化に対する生物‐物理化学的因子と精神心理的因子は、心身二元論的観点からは対立的に捉えられ、前者の方が癌免疫力（物質的次元に属すと考えられる）と直接関係付けられて理解されやすいが、後者の方は一笑に付される可能性が高い。そこで、一般人の誤解を解くために必要とされるのは、生物‐物理化学的因子と精神心理的因子を媒介するような因子に注目させることであり、本書において繰り返し述べてきた「精神生物学」的な心身二元論克服の哲学を一般人に理解してもらうことである。これについては次節で詳しく論じることにして、本節では主観的ストレスと染色体遺伝子変異の関連について述べておくことにしよう。

人体は約六〇兆個の細胞によって構成されているが、個々の細胞の核内には遺伝子ＤＮＡが二三対の染色体として織り込まれている。この染色体遺伝子がストレスによって変異を来すことが、分子生物学的研究によって明らかとなった。そして、そのストレスの中には精神心理的な主観的ストレスも含まれる。つまり主観的ストレスもまた、物理化学的ストレスと同様に染色体遺伝子に変異をもたらすのである。

森本らは、企業の従業員ならびに東京都民数百人に検診の際、採血をし、それぞれの主観的ストレス量を含むライフスタイルと末梢リンパ球染色体変異頻度との関連を定量的に検討した結果、主観的ストレス量の多い者ほど有意に染色体変異が多いことを確認した。さらに付け加えれば、主観的ストレスが多く、かつ喫煙をし、肉食や脂っこいものなどのアンバランスな食事を続け、多量の飲食をしているような場合には、染色体変異が多いのみならず、癌免疫力も大きく低下していることが判明したのである。(10)

主観的ストレスとは、例えば配偶者の死、離婚、拘留、親族の死、解雇・失業、多額の借金、仕事上の責任の変化、上司とのトラブル、子供の非行など数え上げたらきりがないが、すべて精神心理的なストレッサーとして脳内で情報処理されるものである。したがって、これまでに本書で確認したように「精神心理的ストレス」と言っても、決して物質としての身体から切り離して考えられるべきものではなく、神経‐内分泌‐免疫系の情報伝達系内の出来事として捉えられるべきものである。ただ、その「現象面」を記述するとき、物質系から切り離して心理学的に叙述されるだけなのである。このことを留意しないと、またしても心身二元論的に考えてしまって、「主観的ストレスが染色体遺伝子に変異を来す」という学説をオカルトめいたものと受け取ってしまう。

喫煙、飲食、睡眠などの異変は、すべて心理と生理の両側面をもつストレス現象であることを考えれば、心身二元論的見方が誤ったものであることが、より分かりやすくなるであろう。そもそもライフスタイルや生活の質（QOL : Quality of Life）という概念自体が、既に心理と生理の両義性から成るファジーなものであることに思いを馳せるべきである。

ところで大災害もまた、大きな主観的ストレスを被災者にもたらす。一九九五年の阪神・淡路大震災は、被災地の物質的大損失のみならず、被災者の「心」に測り知れないダメージを与えた。

森本は、阪神地区の被災者の個々人に「現在の身体の調子はどうですか」と主観的な身体状態を聞いてみると、やはり震度の大きい地域で被災した人ほど身体の調子の悪い人が有意に増えていることに触れている。しかし身体の調子が悪いということで病院を受診しても結果的にどこも悪くないと言われることがほとんどである。ストレッサーが身体に負荷されたときの最も一般的なストレス反応の一つに、このような主観的な身体の不調があることはよく知られている、と森本は付け加えている[11]。

「主観的な身体の不調」とは「不定愁訴」とも呼ばれ、心身症（とりわけ自律神経失調症）の中核的症状をなすものであるが、この主観的‐身体的ストレスは、ＮＫ細胞活性も低下させ、必然的に免疫力の低下につながる。阪神・淡路大震災では、これが被災者のＰＴＳＤ（心的外傷後ストレス障害）という形で現れた。森本は言っている。「被災後一年を経た時点でも精神的に不安定であると自己判断した人々のＮＫ細胞活性は、既に精神的に安定していると答えた人々に比して二分の一以下に低下している事実が明らかとなった[12]」。

3　情報物理学と精神生物学的心身医学

日本における心身医学の創設者、池見酉次郎（九州大学名誉教授）は心身一如の医学を理想とし、心身医学は「心と物質のどちらに偏ってもならない」と主張した[13]。

我々は本書において、これまでに幾つかの心身二元論克服の立場を紹介してきたが、「心と物質のどちらに偏ってもならない」という理念は標榜しても、心と物質（身体）の両者がそこからして分化してくる元のもの、あるいは両者を統合的に理解せしめる事象そのものに関する、ポジティヴで決定的な規定はまだ得られていない。

ところで「心身一如」とは、心と身体が全く同一の「一つの実体」であることを意味するのではない。それが意味するのは、心と身体は、異なった説明でそれぞれ把握されつつも同一の原プロセスの二つの側面である、ということである。換言すれば、心と身体は二にして不二、不二にして二なのであり、異なった表現様式によって捉えられつつも相即しているのである。しかも心と身体は相互媒介的な面をもつと同時に相互否定的な面ももっている。これは人間の身体を構成する諸器官（心臓と肺など）同士についても言えることである。

例えば、現存在分析の泰斗ブランケンブルクは次のように述べている。

「心的過程と中枢神経の過程は、一つの心身的生命プロセスの異なった二側面である。つまり、生理学的カテゴリーと心的カテゴリーはカテゴリー的に異なった〈言語〉に対応するのみならず、存在論的および力動的に異なった関連系にも対応する。そしてこの二つの関連系は互いに、一部は相補的に、一部は弁証法的ないしは対向流的に振る舞う[14]」。

さて、ここでブランケンブルクが述べている「一つの心身的生命プロセス」とは何であろうか。それをポジティヴに規定する要因こそ、心身一如の医学を根本から原理づけ、心身二元論克服をより実証的なものにすると思われる。

この観点から我々は、情報物理学の考え方を心身相関の医学に応用したアーネスト・L・ロッシの思想を紹介しようと思う。

ロッシの心身医学の基本的理念は次のようなものである。

「〈精神的ストレス〉のもとでは、脳の大脳辺縁‐視床下部系は、心からの神経信号を体の神経ホルモンである〈伝達物質〉に変換する。この伝達物質が内分泌系に指令を出して、ステロイドホルモンを放出させる。ステロイドホルモンは体の各種細胞内に達し、遺伝子の発現を調節する。そしてこの遺伝子が細胞に命じて、代謝、成長、活動レベル、性衝動を調節し、また病気のときも健康なときも免疫反応を調節する、種々の分子を作らせるのである。心と遺伝子のつながりは本当に存在するのだ！　心は最終的には、生命を司る分子の創出や発現に作用を及ぼしているのである！[15]」。

このロッシの理念が、前節までに紹介してきた心身医学や精神医学の最先端に位置するものであることは言うまでもなかろう。つまり、分子生物学と神経内分泌学の融合によって心‐身ないし心‐脳の相関を解明しようとする動向の最先端を行くものである、ということを。

しかしロッシが特に優れている点は、「情報」理論に焦点を当て、それを心身医学の中核に据えようとすることである。

彼によれば、心身相関的な治癒を精神生物学的に見るときの基本的な考え方は、情報がすべての中心であり、あらゆる科学と人間性と臨床的技術をつなぐ鎖の役をするということである。そして彼は次のように断言している。

「情報は今や、心理学、生物学、物理学の新たな共通項となっている。なぜそうなったかを理解するには、有機体の心理学的、物理学的、生物学的レベルにおけるあらゆる形態は、実際には、情報の現れとその変形である（ストウニア）ことを認識する必要がある。石の中の原子、あらゆる生物の細胞の遺伝子、我々の個々人、家族、政府間の関係はすべて、変位と変化を続ける組織である。我々の周囲の変化や、我々が自分の内部に感じる出来事はすべて、組織の内部で起きる情報の変形と捉えることができるのだ。心と体の間で起きるこのような変形を情報変換と呼ぶ(16)」。

ロッシはここでT・ストウニアの情報物理学の考え方を引き合いに出しながら、心身相関と情報変換理論を結び付けようとしている。

ところでストウニアは、「情報」とは宇宙の構造と組織そのものである、という大胆な情報物理学理論を提唱した(17)。近代科学は「物質」の研究を中核に据え、今日でもほとんどの人が、宇宙は物質から成り立っていると考えている。しかし、一九世紀から二〇世紀にかけて「エネルギー」の研究が人々の関心を集め始め、それはアインシュタインの相対性理論の有名な等式 $E=MC^2$ で最高潮に達した。この式ではエネルギーと物質（×光速の二乗）は互いに交換可能となっている。そして一九九〇年代にストウニアによって、ついに「情報」が物質とエネルギーと同等の地位をもつ「宇宙の根本原理」として認められたのである。つまり物質とエネルギーと情報は互いに変換可能だと言うのである。

ストウニアによれば、情報はビッグバンとともに始まった。ビッグバンが起こったときには、宇宙のエントロピーは無限大に近く、情報はゼロに近かったが、数十億年を経るにつれて宇宙の情報量は次第に増大し、自然界の種々の力――重力、大小の核力、電磁気力――として分化し、やがて物質となって現れた。さらに現在から数十億年前に自己組織システムが現れ、そのシステムが進化して生物学的システム（生命）の領域に達した。そしてこの生命システムは知的システム（心、精神）を生むに至り、それ以降、情報の増加曲線はいよいよ急角度で上昇した。また宇宙の進化につれて、そこにある情報が増大するという考え方は、エントロピーの増大が宇宙の「熱的死」を招くという考え方と対立する。(18)

ロッシは、ストウニアによる情報とエネルギーの等式と、アインシュタインによるエネルギーと質量の等式を統合し、質量、エネルギー、情報の三者間の実験的に検証可能な公式を得ることが、心身の相互関係を追究する科学における、最も挑戦に値する最先端の問題である、と主張する。(19)

さらにロッシは、自己触媒作用をもち自己複製する核酸が、デオキシリボ核酸（ＤＮＡ）つまり遺伝子へと進化したことによって情報は心的生命（精神）を帯びたものとなったと言う。

この考え方は分子生物学と心理学を統合する方途を示すものでもある。ロッシは、心理学者Ｋ・プリブラムの「イメージ処理の神経力学」論に触れつつ、情報が存在するためには生物が不可欠であると主張する。つまり、情報の概念は知覚をもつ有機体を背景にして初めて理解できると言うのである。そして、この考えの数学的基盤となるのが、プリブラムの「神経波動方程式」である。この神経波動方程式とは、脳の神経的ネットワークの振動を数学的に表現したものであるが、それは同時に動物と人間における情報処理の感覚‐知覚面を分子レベル（量子レベル）に溯って説明するものであった。(20)

ところでロッシの思想において特に着目すべきなのは、彼独特の「心」の概念の把握であり、哲学的心身問題が情報論的‐精神生物学的心身医学によって積極的に解決できる、と大胆に主張する点である。彼は次のように述べている。

「意識あるいは心は、自己反映的な情報変換のプロセスと定義していいだろう。この定義は哲学者から見れば不十分かもしれないが、我々が心身のコミニュケーションについて考え、心身相関的な治癒の新しい方法をどう確立すればよいかを追究する実際的な手掛かりとしては十分である。自己反映的な情報変換の主要なプロセスと経路は、自発的な意識と心身のコミニュケーションの精神生物学的原理として解明されつつある。この経路はすべて、心身の情報変換の中枢である大脳辺縁‐視床下部系に集中している[21]」。

また次のようにも述べている。

「心と体は別個の現象ではない。一方は何か霊的なもので、他方は物質ということではない。心と体は、ともに一つの情報システムの側面なのである。生命とは一つの情報システムである。生命現象とは情報変換のプロセスである。〈心〉と〈体〉は、この〈一つの情報システム〉を概念化する二つの面、二つの手段なのだ[22]」。

先述のようにブランケンブルクは心的過程と中枢神経の過程は「一つの心身的生命プロセス」の二側面であると主張したが、ロッシはそれをさらに情報理論に結び付けて積極的に主張している（ちなみに、ロッシの主張の方がブランケンブルクの主張に先立つ）。

ところで、ここで注意しなければならないのは、ブランケンブルクが精神医学者であるのに対してロッシが心身医学者であることである。精神医学者はどちらかと言えば心（精神）と脳（中枢神経系）の関係を中核に据えて心身問題を考えるが、心身医学者は心と身体全体（もちろん脳も含む）の関係を留意しつつ心身問題を考える、ということである。

ロッシによれば、心と体（身体全体）は伝達物質（神経伝達物質、ホルモン、免疫伝達物質）によって結ばれているのであり、伝達物質は情動、知覚、思考、意識上のイメージと、体の分子‐遺伝子メカニズムをつなぐ共通の情報経路である。(23) そして心身相関的な治癒が「謎」のままであったのは、「神経」を脳と体の唯一の連結路と考えていた一九世紀の哲学や解剖学の限界によるものだったのである。(24)

つまり伝達物質は、心身のすべての細胞間のコミュニケーションを担う、原初的でより広範な（全人的《ホーリスティック》な）手段なのであり、心身相関を考える場合には、自律神経系、内分泌系、免疫系、神経ペプチド系などの心身コミュニケーションの主要な調整システムが独立・分離したものではなく、これらがみな状態依存的な記憶・学習・行動をコード化する同じ伝達物質によって互いに連結しあっていることを理解しなければならない。(25) それゆえ「体のすべての細胞から放出される伝達物質によってコード化された状態依存的記憶・学習・行動が、心と脳のギャップ、すなわち心と体のいわゆるデカルト的二元論を埋める根本原理である」(26) とロッシは主張する。

ロッシの姿勢は極めてポジティヴであり、哲学的心身問題の最終的解答は、心身相関の中枢を、視床下部と脳下垂体との間で分子レベルで機能する、心身の変換装置に帰着させることによってなされる、と彼は断言する。(27) つまり、視床下部には大脳皮質の神経が伝えてくる電気インパルスという形でコード化された情報を、体の伝達物質に変化することのできる細胞があり、これが脳と体のコミュニケーションの根本であり、この種の神経内分泌的な情報変換が、脳からの神経の情報を脳下垂体の内分泌的な体の情報に変換する、と彼は考えるのである。(28)

数百年前にデカルトは心と身体が交差する場を脳内の松果体（上生体）に求めた。しかし今日、松果体は光の受容と関係し、睡眠と覚醒のリズム（サーカディアンリズム：概日リズム）の中枢であることが分かっている。心と身体の情報変換の中枢は、ロッシの言うように視床下部‐下垂体なのである。

しかしロッシはデカルトのような二元論を決して受け入れないし、同時に還元主義も断固として拒否する。彼ははっきりと言っている。

「今や我々は、生命の究極的基盤である分子‐遺伝子レベルで、分子情報システムを解明するところまで来たのである。ただし還元主義哲学を追究するわけではない。……現代の、そして将来の生命についての理解は、もはや過去にあったような純粋な還元主義的、機械論的概念では足りないのである。生化学、生物学、遺伝学の現在の教科書の主流は、分子レベルの生命プロセスを考えるのに〈伝達物質、信号の発信、信号を認識する粒子、コミュニケーション、情報、感覚を伝える分子、記号体系、代謝コード〉といった、精神主義的あるいはコミュニケーション的な概念を基本として用いている。心理学と生命を過去の機械論的物理学、化学、生物学に還元して理解しようという考え方は、これ以上進めても、もはや成果が得られない地点に達している」(29)。

さらに彼は、量子レベルでの物理学、生物学、化学の進歩を理解するためには、情報とコミュニケーションという心理学的な概念を導入することが必須であり、これらの三学問が今や心理学の一部門と考えることもできると断言する。そして、こう考える姿勢を、「新しくより包括的な、情報とコミュニケーションの哲学」である、とストウニアにならって言っている(30)。結局のところ、ロッシのアプローチは「情報動力学（infokinetics）」、つまり「情報（info）とエネルギー（kinetics）と物質を相互に変換するすべての生命プロセスについての科学」の基礎を築くことなのである。

以上がロッシの情報‐精神生物学的心身医学の骨子である。情報物理学を応用した彼の精神生物学的心身相関論が、これまでの科学と哲学の英知を結集した逸品であることは間違いない。

ところで我々は本書の第1章においてマリオ・ブンゲの創発主義的精神生物学を考察した。ブンゲの立場はまた、創発主義的精神神経一元論とも創発主義的マテリアリズムとも呼ばれる。

ブンゲは消去的唯物論（行動主義）と還元的唯物論（物理主義）の双方とも斥け、かつメンタリズムも拒否する。つまり機械論的唯物論と精神主義的唯心論の両方を排斥するのである。そして脳をコンピューターとの類比において考える立場を批判して、脳を情報生物システムとして捉える。

ブンゲの心身論において重要なのは「創発性（emergence）」の概念であり、いかにして脳という物質から心（精神）が創発するかということであった。

脳が「物質」であると言っても、それは死せる自然の無機的物質性のことを言っているのではなく、長い生物進化の過程から生成した「生ける物質」のことを指している。ブンゲのマテリアリズムは、この「生ける物質」の生成に基盤を置く物質生成論である。

ブンゲは確かに「情報」概念に言及し、生物システムとしての脳の情報処理と情報創出について語っているが、マテリアリズムに留まっており、物質とエネルギーと情報の相互変換の思想には到達していない。また脳（中枢神経系）を重視するあまり、身体全体と心の関係を捉えそこなっている。それを補うためには、本書の第2章以下では、メルロ＝ポンティやA・R・ダマシオやアンリ・エーなどの心身論を取り上げたのであるが、ロッシの心身論はそれらすべてを総括する力をもっている。

もちろんロッシの心身論ですべてが解決するというわけではないが、物質を物質たらしめているものとしての「情報」の物理学を精神生物学的心身医学に応用する彼の視点には目を見張るものがある。

結局、情報理論を基盤に据えた心身論は、ブンゲのような精神神経的「一元論」にはならない。それは情報の多面体としての心身相関を論じるものであり、ホーリスティックな人間観に基づいている。それはまた深い生命の思想に根差してもいるのだが、「情報」物理学に基づいたものとして極めて優れている。

しかし心身医学の範囲内での考察なので、人間の心ないし精神の核心的現象たる「自我」と「内的ないし私的意識」には触れていない。

実はロッシだけではなく、これまで取り上げたすべての心身論もこの核心的現象には触れていないのである。心身問題は、この核心的現象、つまり「自我」と「内的意識」の主観的‐経験的側面の問題を避けて通ることができない。そこで次章では、この問題に真っ向から挑むことにしよう。

註

（1）F・アレキサンダー『心身医学の誕生』末松弘行監訳、中央洋書出版部、一九八九年を参照。
（2）坂本百大「精神神経免疫学と哲学的心身問題」（『イマーゴ』一九九二年一二月号・特集ホーリスティック心理学）。
（3）神庭重信『こころと体の対話』文春新書、一九九九年、一六五―一七一ページを参照。
（4）坂本百大『心と身体――原一元論の構図』岩波書店、「心身同一性、因果性と原一元論」（日本科学哲学会編・科学哲学10『心身問題と道徳』早稲田大学出版部、一九七七年）を参照。
（5）坂本百大「精神神経免疫学と哲学的心身問題」
（6）森本兼曩『ストレス危機の予防医学』ＮＨＫブックス、一九九七年、一四一―一四三ページ
（7）森本兼曩、前掲書、一四五ページ
（8）森本兼曩、前掲書、一四七ページ
（9）山脇成人・皆川英明「サイコオンコロジーの歴史と発展」（『精神療法』第二三巻五号、一九九七年）を参照。
（10）森本兼曩、前掲書、一七六―一七七ページ
（11）森本兼曩、前掲書、一九一―一九二ページ

(12) 森本兼曩、前掲書、二〇三ページ
(13) 池見酉次郎『心療内科』中公新書、一九七七年を参照。
(14) W. Blankenburg, Zum Leib-Seele-Problem in der Psychiatrie, *Aspekte des Leib- Seele-Problems*, Königshausen & Neumann, Würzburg, 1990, S. 217.
(15) E・L・ロッシ『精神生物学』伊藤はるみ訳、日本教文社、一九九九年、xivページ（原著名 *The Psychobiology of Mind-Body Healing : New Concepts of Therapeutic Hypnosis*, 1993）
(16) E・L・ロッシ、前掲書、三〇ページ
(17) T・ストウニア『情報物理学の探求』立木孝夫訳、シュプリンガー・フェアラーク東京、一九九二年を参照。
(18) T・ストウニア、前掲書、七一―七三ページを参照。
(19) E・L・ロッシ、前掲書、五六ページ
(20) E・L・ロッシ、前掲書、五八―五九ページ
(21) E・L・ロッシ、前掲書、四九ページ
(22) E・L・ロッシ、前掲書、八八ページ
(23) E・L・ロッシ、前掲書、二九ページ
(24) E・L・ロッシ、前掲書、一七七ページ
(25) E・L・ロッシ、前掲書、一七七―一七八ページ
(26) E・L・ロッシ、前掲書、一八一ページ。なお同様の主張がC・パート「すべての細胞にこころがある」（B・モイヤーズ編『こころと治癒力』小野善邦訳、草思社、一九九六年）に見られる。
(27) E・L・ロッシ、前掲書、一八九ページ
(28) E・L・ロッシ、前掲書、一八五ページ
(29) E・L・ロッシ、前掲書、一九二―一九三ページ
(30) E・L・ロッシ、前掲書、一九三ページ

第5章　意識のハード・プロブレムについて

一九九四年四月、アメリカのツーソンにあるアリゾナ大学健康科学センターで「意識の科学的基礎」に関する大規模な学際的会議が開催された。この記念すべき第一回目の会合には神経科学者や哲学者、精神医学者、認知科学者を中心とした人々がひしめき合い、意識の問題を巡って口角沫を飛ばし合った、という(1)。この会合は、その後隔年ごとに場所をかえて開催され、一九九九年五月には東京で行われた。

さて、「意識」というものは従来、客観的観察の対象となりえないものとして自然科学的研究の枠外に置かれてきた。それは心理学においてさえも、この学問が実験的客観化と行動主義を模範とする限り、排除されるべきものだったのである。かろうじて哲学者と哲学づいた科学者の一派が、細々とこの掴みどころのない現象を探究してきたにすぎない。

しかし近年この様相は激変した。神経科学ないし脳科学が「意識」に真っ向から取り組み始めたのである。九四年の第一回目の会合は、まさにこの趨勢を象徴しているのだが、その準備は、行動主義が限界に突き当たり、認知科学が登場し、人間の内面的な認知過程が再び科学的研究の対象となり、さらにこの学問が神経科学と融合して認知神経科学が誕生したころからなされていたのである。

ところで、この趨勢を強力に推し進めたのは、フランシス・クリックである。周知のように彼は、J・ワトソンとともにDNAの分子構造を発見し、ノーベル賞を受賞した人であるが、その後神経科学に基づく意識科学に転向した。そしてクリックが「驚異の仮説」と呼んだのは、人間とはワンパック（一千億個）のニューロンにすぎず、「意識」は脳内のニューロンの組成と相互作用の産物に他ならないとする、還元主義の最たるものであった。ただ従来の還元主義と違うところは、「意識」を消去しないことだけであった。つまり彼は、かつて生命現象をDNAの働きに還元したように、今度は意識現象をニューロンの働きに還元しようとするのである(2)。

クリックは九四年のツーソン会議には出席しなかったが、この会議において彼に真っ向から対立する論客が壇上に上がった。その論客の名は、デイヴィット・チャルマーズ。カルフォルニア大学サンタクルーズ校の若き哲学教授である。彼は「意識」の還元されざる質感に定位する「意識のハード・プロブレム（困難な問題）」を提唱し、一躍この学会の名物男にのし上がった。そして、その後の意識の科学的研究に大きな波紋を投げかけた。

本章では、チャルマーズの問題意識を足場として、「意識」の還元されざる性質がいかにして「意識の神経生物学的研究」と宥和しうるかを模索的に考察してみることにする。その際、意識の「還元に逆らう性質」の本性が見極められると同時に、神経生物学のうちに秘められた反還元主義的な精神生物学的傾向をえぐり出すことが肝要である。そして、このことは心身問題における心身二元論超克という課題と密接に関係してくる。

チャルマーズは、彼自身が認めているように、二元論の側にまだ立っている。この足場を切り崩しつつ、我々はF・ヴァレラの神経現象学とJ・サールの生物学的自然主義を通って、さらにW・ジンガーの「脳の社会的相互作用説」を解釈しつつ、創発主義的精神生物学の正統性を再確認し、「意識のハード・プロブレム」の行く末を見据えたいと思う。その際、F・ジャクソンの有名な色彩感覚的クオリアに関するアポリアを取り上げ、それを意識のハード・プロブレムと宇宙の情報構造の関係に向けて解釈することにする。

1　D・チャルマーズの問題提起

チャルマーズは最初数学を専攻していたが、その後「意識」に魅了され、哲学と認知科学に転向した人である。彼にとって「意識」は安直に説明されるべきものではなく、まず「問題」として提起され、真剣に立ち向かわれるべきものである。

彼は、論文「意識の問題を直視すること」(3)において、まず意識に関する「やさしい問題（easy problem）」と「難しい問題（hard problem）」の区別を強調している。やさしい問題とは、認知科学と神経科学の標準的方法に直接受け入れられるものであり、次のような諸現象の説明に関する問題である。(4)

・環境からの刺激を弁別し、範疇化し、反応する能力
・認知システムによる情報の統合
・心的状態の報告可能性
・システムがそれ自身の内的状態にアクセスする能力
・注意の焦点
・行動の随意的コントロール
・覚醒と睡眠の差異

チャルマーズによれば、これらすべての現象は計算的《コンピューティショナル》あるいは神経的メカニズムによって一〇〇〜二〇〇年後には説明され尽くされるものである。それに対して、意識の真に「難しい問題《ハード・プロブレム》」は「経験（experience）」の問題であり、それは認知神経科学の標準的方法に抵抗する性質のものである。つまり、それは人間の思考と認知における一連の情報処理の主観的局面としての「経験」に関する問題なのであり、彼はこの主観的局面としての「経験」をT・ネーゲルの表現を借りて、「意識的有機体であると言えるような何か（something it is like to be a conscious organism）」に関するものとして特記している。(5)つまり彼の着眼点は次のような問いとして提出されるようなものなのである。

「我々の認知システムが視覚と聴覚の情報処理過程に従事しているとき、例えば深い青色の質感とか中央ハ音の感覚をもつとき、視覚経験や聴覚経験をもつのはなぜか、心的イメージを演じたり感情を経験したりしていると言えるような何物かが存在するのはなぜか、を我々はいかにして説明できるのだろうか(6)」。

チャルマーズはまた、やさしい問題《イージー・プロブレム》と難しい問題《ハード・プロブレム》を、認知的機能の説明に関わるか否か、という観点から区別している。

認知的機能の説明とは、先に列挙した七つの認知的現象に代表される能力と機能を履行するメカニズムを特定することを意味する。その際、低レベルの説明には、当該の機能に責任のある神経メカニズムを特定すればよいし、より抽象的な高レベルの説明を欲するなら、コンピューター的術語による認知メカニズムを特定すればよいのである。やさしい問題は、この種の認知‐神経科学的方法に適合し、その説明によって満足のいく答えを得るのである(7)。それに対して、難しい問題を難しくし、ほとんど唯一無二のものにしているのは、それが機能の履行についての問題を超えているからなのである。

つまり、たとえ我々が経験に接しながら、知覚的弁別、範疇化、内的アクセス、言語的報告といった認知的‐行動的機能の履行を説明したときでさえも、次のような問いが残る。「なぜ、これらの機能の履行には経験が随行するのか(8)」。

チャルマーズが問いかけているのは、個々の様々な感覚的経験の状態のうちにあって、それを一つのものとして統覚している「意識経験的主体」である、と伝統的超越論哲学めいて表現することもできようが、やはりこの古い哲学的伝統に収まりきれるものではない。彼は、この問いかけをもって認知‐神経科学的な機能と意識経験の間に存する説明的ギャップを架橋する新たな「精神物理学的説明（psychophysical explanation）」の必要性を訴えているのである。

この要求は非常にラディカルであるが、還元主義者にとって余計なものであることは言うまでもない。チャルマーズも、そのことをよくわきまえているのだが、いささかも臆することなく、逆に還元主義者たちが意識の難しい問題を問う基盤をもたず、それを覆い隠そうとしていることを暴き立てる。

彼は何人かの科学者をその例として挙げているが、ここではF・クリックとC・コッホに対する批判を取り上げてみよう。

この二人は共同で「意識の神経生物学的理論」を打ち立てたが、その理論は、大脳皮質における或る三五〜七五ヘルツの神経的振動に中心点を置き、この振動を意識の基盤であると仮定するものである。そして、これは脳における情報の神経結合の理論に関係している。例えば、知覚された対象の色と形についての情報は、分離した視覚経路から統合され、後の処理過程によって使用されるために統合されるが、これに至るプロセスこそ「結合」である。クリックとコッホは、こうした視覚的情報処理を模範にして、この「結合」が、相関する内容を再現するニューロン群の同時的振動ならびに、その振動が活性化するワーキング・メモリーのメカニズムによって達成された、と仮定する。(9)

この理論は視覚系を出発点として、知覚された情報がどのように統合され、後の処理過程で使うためにどのように記憶に保存されるかに関する総括的説明に我々を導くであろう。しかし、この理論は依然として意識の難しい問題には、いささかも触れていないのである。チャルマーズは言う。「説明的関連の唯一の基盤は、その振動が結合作用と保存において演ずる役割であるが、なぜ結合作用と保存がそれ自身経験に随伴するのかは一度も説かれない」。(10)むしろ、この理論は、その手掛かりを結合作用と経験の関連を仮定することによって獲得しているのであり、そのつながりを何ら説明できないのである。

チャルマーズはさらにB・バーズの「意識のグローバル・ワークスペース理論」やD・デネットの「意識の多元草稿モデル」など幾つかの理論を取り上げ、それらがすべて「経験としての意識の難しい問題」に触れずじまいか、さもなければこの問題自体を消去したがっていることを強調している。

さて、以上のようにチャルマーズは神経生物学的還元主義ならびに消去的機能主義の両方を批判しているが、それでは彼の立場がネーゲルのようなミステリアンと同じなのかというと、決してそうではないのである。

確かにチャルマーズは、ネーゲルの表現を借りて、一人称的な意識的経験の難問を際立たせている。しかし彼は、この「還元されざる意識経験」と「意識の物理理論」の間に存するギャップをポジティヴに架橋する説明原理を求めているのであり、意識的経験が我々の科学的能力を全く超越しているというペシミズムに与しているのではないのである。

そこで彼は脳の物理的過程からの経験の「創発」をはっきりと説明するための「格別の要素（extra ingredient）」を要請する。そして、この「格別の要素」は、意識の非還元的理論としての「精神物理学的原理」のうちに見いだされるであろう、と彼は述べている。[11] さらに彼は、この精神物理学的原理を「情報の二重局面理論」として定式化している。

この理論の核心は、世界の究極的要素は「情報（information）」なのであり、それは外部的局面として物理的過程をもち、内部的局面として意識的経験の現象的性質をもつ、とされる。そして物理的過程と意識的経験は「情報空間」を介して相互の構造を反映し合う「構造的一貫性（structural coherence）」の関係にある、とされる。[12]

しかし、この理論はチャルマーズ自身が認めているように、まだ思弁的なものであり、仮説の段階にとどまっているにすぎないし、そこには理論の端麗さを求めるあまりの先走りが看取される。

チャルマーズは意識の難問にあくまで食い下がろうとする問題提起の姿勢において極めて鋭利であるが、その仮説理論の構築には幾つかの矛盾が現れている。その一つが意識的経験の理論は生物学よりも物理学と共通点をもつ、と考える点である。彼は次のように言っている。「物理学者の基礎理論を駆り立てている単一性、端麗さ、そして美しさの原理は、意識の理論にも適用されるであろう」(13)。

しかし、この言明は、彼のスローガン「人間は刺激に対して反応するだけのゾンビではない」とは相容れないのではなかろうか。

また彼は、自らの問題提起がかつての生気論と同様の主張なのではないか、という批判に強く反発している。つまり彼の言う意識的経験の非還元性の主張は一見、いかなる物理的なものも生命を説明できないとする生気論者と類似しているように思われる。しかし「生気」が説明的仮定であったがゆえに、物理的過程が生命と相関する機能を履行しうることが判明すると、それは捨てられたが、「経験」はそのような説明的仮定ではなく、我々の心的生活の最も中枢的な局面であり、心の科学における鍵となる説明対象そのものなのである(14)。

しかし、このような生物学からの離反は、生命的次元への盲目性において、「物理的なもの」と「心的なもの」の二元論に執着せざるをえなくなるのである。チャルマーズは自らの心身論上の立場を自然主義的二元論と呼んでいるが、それは言うまでもなく、デカルト的な実体二元論ではなく、性質二元論(property dualism)であり、意識は物理的なものに自然的に付随するが論理的ないし形而上学的には付随しない、と主張するものである。彼はまた、この立場が従来の二元論よりもむしろマテリアリズムに近いものであり、現代科学の成果と何ら矛盾しないものだ、と述べている(15)。

しかし、この二元論は、どうひいき目に見ても、主観‐客観分離という英米系の哲学的伝統の抱えるアポリアに災いされているとしか思えない。それでは、このアポリアから我々を救出する途はどこに見いだされるのであろうか。

2　F・ヴァレラの神経現象学的救済策

フランシスコ・ヴァレラは師H・R・マトゥラーナとともに第三世代のシステム論たるオートポイエーシス理論を完成させた理論生物学者であるが、認知科学における心の問題や哲学的現象学にも造詣が深く、この観点からチャルマーズの問題提起に対して逸早く応答している。(16)

ヴァレラは、意識的経験は安直に説明されてはならず、非還元的説明を必要としている、という点ではチャルマーズに全く同意する。しかし、脳内の物理的過程とそこから創発してくる意識的体験ないしは、認知と経験の間のギャップを架橋するために、精神物理学的原理のうちに「格別の要素」を見いだそうとする姿勢には断固として反対する。その理由の核心は、チャルマーズの性質二元論的な精神物理学の立場が結局は、英米系の「心の哲学」の伝統に根差し、それに災いされた帰結と見なされうることにある。つまり、英米系の「心の哲学」は本質的に主観‐客観対置図式の上に成り立っており、主観的な一人称の説明と客観的な三人称の説明のどちらかを重視する立場に分極しやすく、また両立場を調停ないし折衷しようとする場合も、異質な二つの領域を異質なままに並置ないし結合するにとどまる傾向が強いのである。(17)そこでヴァレラによれば、チャルマーズの試案は挫折せざるをえないことになる。

それでは、このアポリアからの脱出口はどこに見いだされるのか。それはフッサールによって創始された現象学的方法に見いだされる、とヴァレラは考える。彼によれば、現象学的態度の原初性は、「それが主観的なものを客観的なものに対置することを求めず、分離を超えて両者の基礎的な相関関係へと向かうこと」に存する。そして意識は私秘的で内的な出来事などではなく、自らを超えて行く先たる非意識的な外的世界へと不可分に連結されている。それゆえ人間的意識経験の現象学的探究は内観法を用いた「私秘的なトリップ」ではなく、間主観的根拠づけによって他者へと方向付けられているのである[18]。

ヴァレラによれば、人間的「経験」の構造、つまり「〈私〉の意識」が他者の意識と現象的世界への生ける関連の上に成り立っていることを発見したことが、現象学の最も重要な功績なのであり、この点において現象学は英米系の経験論とは袂を分かつ。そこで、英米哲学流の〈一人称的説明〉対〈三人称的説明〉の対置図式が、「三人称の客観的説明が、一人称的説明と同様に自らの社会的ならびに自然的世界の内で体現される具体的人間たちの共同体によってなされる、ということを忘却させる」ということに注意を促す[19]。

さて、人間的意識経験の現象学的探究の核をなすのは、周知のように現象学的還元であり、ヴァレラもこの還元の態度を出発点として重視しているが、自らの立場を典型的なフッサール主義者からは区別している。つまり彼は、あくまで認知神経生物学者として現象学的方法を人間的意識経験の難問の解明に応用しようとするのである。そして、現代の認知科学と人間的経験への鍛練されたアプローチを結び付ける自らの探究を「神経現象学（neurophenomenology）」と名付ける。

これはまた、人間的経験の一人称的説明と外面的説明の〈循環の本性〉へと定位しつつ、〈生物学的心〉と〈経験的心〉のギャップをうめることへと我々を前進させることとして理解されている[20]。そこで、ヴァレラが掲げた神経現象学の作業仮説は、「経験の構造の現象学的説明と認知科学におけるその対応項は互いに補足し合う制限によって相互に関係している[21]」というものである。それゆえ彼は、脳機能イメージングの洗練された方法に対して、現象学的弁別と記述の適性を有する被験者の必要性を説いたり、ガンマ周波帯（三五～七五ヘルツ）における神経同期化といった「脳における結合メカニズム」を、〈持続〉といったような心的内容の一人称的説明への洞察を提供する能力に基づいて根拠付けることの重要性を訴えたりしている。

いずれにせよ彼は、自らの提案の斬新さは、「鍛練された一人称の説明が、神経生物学的提案の根拠づけの結合的要素であるべきであり、単に同時発生的あるいは発見を助ける情報ではない、という主張にある[22]」と言う。

前節で述べたようにチャルマーズは、意識的経験の理論は生物学よりも物理学との親和性をもつと考えている。それに対してヴァレラは、現象学的な経験の理論を認知神経生物学との循環的‐相補的関係において捉え、そこから意識の難問を解く鍵を見いだそうとする。

もしヴァレラの言うように、人間的な意識経験が主観／客観の二元論を超えた生（life）の次元に属すなら、それは確かに物理学よりも生物学と親和性をもつはずである。しかしヴァレラが認知神経科学の提案を一人称の現象学的説明によって「根拠づける」という言い方をするとき、そこには二元論の最後の残滓が看取される。つまり、現象学的還元が開示してくれる主‐客二元性を超えた意識「生」のあり方は、脳の神経活動のうちにも見いだされるべきものと思われるが、ここでのヴァレラの立場はまだ〈超越論的意識〉と〈脳の物質的過程〉の対置的‐相互補完的説明にとどまっている、と判断される。

そこで我々は視点を変えて、「脳の対象化されざる内奥的本性（ピュシス）」といったものに着目することを余儀なくされるのである。

3　J・サールの生物学的自然主義

アメリカにおける心の哲学の泰斗たるジョン・サールは、従来の哲学と科学の概念の呪縛を取り払いつつ、二元論と還元主義の両方を克服し、意識を生物学的現象として真剣に研究することを提唱している。(23)彼にとって、「意識」は消化や成長や光合成と同様に人間の生物学的な生（life）の一部なのである。また、それは伝統的カテゴリーである〈心的〉と〈物理的〉のどちらにも適合しない「自然的な生物学的現象」であり、脳内の低レベルのミクロ・プロセスによって引き起こされると同時に高次のマクロ・レベルにおける脳の特性でもある、とされる。そこでサールは自らの立場を「生物学的自然主義」と呼ぶのである。(24)

さて、このような立場をとるサールは、チャルマーズと同様に物理的過程に還元できない一人称の主観的心性の存在を主張するが、チャルマーズの性質二元論と精神物理学的方法論には断固として反対している。例えばチャルマーズは、「人間は刺激に対して反応するだけのゾンビではない」というスローガンを掲げつつも、意識理論と生物学の融合を拒否し、むしろ人工知能による意識の創出の可能性の方を評価している。つまり彼は、脳の生物学的本性は意識的経験にとって何ら必須のものではなく、「組織的不変性」の原理に従って、シリコン・チップ（半導体）によって構成されたコンピューター回路もニューロンによって構成された脳神経回路も、それが同じ機能的組織の因果的パターンを有していれば、同じ意識的経験をもつはずである、と考えるのである。(25)

ところがサールによれば、こうしたチャルマーズの立場は、機能主義と二元論という相容れない二つの立場を同時に欲したことに由来する自己矛盾である、とされる。(26)

サールはこうした矛盾を回避し、二元論と還元主義の両方を克服する途は生物学的方法のうちに存していることを、よくわきまえている。彼によれば、他者の意識の観察不可能性も一人称の主観的現象も科学的説明と調和すべきものだし、意識は脳の過程から因果的に創発した性質であるがゆえに、随伴現象説も還元主義にも適合しないのである。しかるに、こうした理解を支えているのが彼の生物学的自然主義の立場なのである。

彼は言う。「意識は人間と動物の神経系に本来備わっている《イントリンシック》特性である」。そして、「我々が、意識を情報処理〔過程〕やシンボル操作によって分析できない理由は、意識が神経系の生物学に本来的に属していることに存する。それに対して、情報処理〔過程〕とシンボル操作は観察者に対して相対的なものである[27]」。

つまり、サールにとって意識は人工知能によって模倣できるようなものではない。なぜなら、人工知能による人間的意識の模倣は、情報処理とシンボル操作を観察しつつ解釈するコンピューター・プログラマーに依存するものだからである。

意識の模倣自体は、どこまで行っても意識それ自体ではない。我々は、意識を脳の神経活動の「創発的現象」として解明しなければならないし、脳過程が意識を生ぜしめ、かつ意識がそれ自身脳の特性である、という理解が伝統的な心‐身問題の解決をもたらす、とサールは考えている[28]。

以上のような観点において、サールは意識的経験の難問に答えるための一つの基盤を与えている、と言える。しかし、経験がどのように脳の神経活動から創発するかに関しては極めて寡黙である。この点では、先走りしすぎのチャルマーズとは対称的であるが、先述のヴァレラの不備を補う可能性を秘めている。そこで次に、一人称と三人称（主観‐客観）の説明の対立を超えた生の次元に属す意識的経験が、どのようにして脳から創発するかについての理解を供給してくれる基盤に視点を移さなければならないことになる。

4　W・ジンガーの「脳の社会的相互作用説」

　さて、これまでの議論を踏まえれば、意識の主観的特質、つまり感覚質（クオリア）の私秘性とか自己意識とか自由意志といったものは、脳の創発的性質であり、脳内の神経生物学的過程に単純に還元されえないとしても、やはり何らかの仕方で脳の特殊な神経機能様式に基づいていると思われる。しかしそれは、まさに通常の客観化的な神経生理学的手法の手に余るものなのである。

　ドイツのマックス・プランク脳研究所所長のヴォルフ・ジンガーは、この点に関して極めてユニークな見解をもっている。

　彼によれば、意識の主観的特質に関する難問を解く鍵は「脳の社会的相互作用」のうちにある、とされる。彼は次のように述べている。

「心の哲学に〈ハード・プロブレム〉を生じさせる主観的概念は、社会的現実という存在論的な地位をもつものだということを指摘したい。社会的現実は、複数の脳の間でのコミュニケーションを通して実在化する。この意味で、これらの現実は、個人すなわち孤立した脳がもちうる機能を超越しており、そしてこのことが、純粋に神経生理学的な説明では到達できない理由なのである。これまで神経生理学は、単一の脳の内部のプロセスのみを取り扱い、そのために、異なる脳の間での選択的相互作用から生じる現実を、これらの現実が結局は個々の脳の認知能力に依存しているにもかかわらず、その記述システムの内部に包含することができなかったのである[29]」。

　この言明における重要なポイントは、「〈個別的脳〉の神経生理学的過程」に「〈複数の脳〉の社会的相互作用

（コミュニケーション）によって創発する性質」を対置していることである。前者は実験的神経科学の標準的方法によって解明される。しかし後者はそうした方法になじまず、その視野には入ってこないものである。それはむしろ、社会学や心理学が扱うものとなる。しかし、その場合、今度は脳の神経生理学的過程が無視されることになってしまう。そこで、「個別的脳の神経生理学的過程」と「複数の脳の社会的相互作用」の〈はざま〉で生じる「意識の難問」は、その由来が知られないままに、現象論と還元主義と神秘主義へと分裂する仕方で解釈されることになるのである。前節までに扱った三人はみな現象論に属しているが、このうちチャルマーズは、問題提起の鋭さにもかかわらず、ジンガーの言うような複数の脳の相互作用への視点は全くないし、ヴァレラは間主観性の現象学的次元と個別的脳の神経生理学的過程の相補的解釈にとどまり、やはり脳自体が他の脳との〈間身体的〉相互関係において、その生物学的活動を営んでいるという理解には至っていない。またサールは、還元されざる一人称的心性を強調すると同時に二元論と人工知能モデルを排除し、意識の脳からの創発を、前者の後者からの「自然発生」として捉えているが、やはり生物行動の社会的‐群棲的様式から、この「創発＝自然発生」を捉える視点には達していない。

　それに対して、ジンガーはこれら三人の不備を補う観点を堅持している。その観点とは、脳を社会・文化的な環境の中で発達する自己組織系と考えるものである。この観点から彼は、意識の難問の起源を「脳の社会的相互作用」のうちに見ているのだが、さらに個体の〈発達〉という視点から、幼児期における自己意識の獲得（生成）に焦点が当てられる。

　ジンガーによれば、自己意識を生み出す複数の脳の重要な対話（つまり幼児と養育者との対話）は、出生後の初期に行われるのだが、我々はこの自己意識の獲得過程の明確な記憶をもっておらず、この獲得‐学習過程の記憶喪失が、成長過程におけるエピソード記憶（個人的経験）の構築と相俟って、成人になって「内部の目」を考察する際に、自らの自我がいかなる原因からも切り離されたものとして知覚される理由となるのである。さらに重要な点は、自己意識の獲得過程が通常の感覚体験とは違って、繰り返しが不可能だということである。なぜならそれは、脳の初期の未熟な構造に深く刷り込まれ、その刷り込み過程が後の脳神経系の機能の発達の基盤として働きつつ、それ自身は背景に退くからである。そこで、初期の社会的相互作用によって獲得される認知能力は他の脳過程とは異なる性格を帯び、神経生理学的記述を超えてしまうのである。[30]

ジンガーの立場は、二元論と還元主義を同時に克服するものであり、神経生物学を内側から超えて、その内に秘められた反還元主義的な創発主義的精神生物学を志向するものである。これは、彼がもともと医学の出身であり、その後精神物理学と動物行動学を研究し、脳科学に至ったという経歴とは無縁ではあるまい。実際、自意識過剰になって意識の難問を主張する者への彼の対応は、神経症を治療する精神科医（神経生物学にも詳しいタイプの）を思わせるものがある。

結局、ジンガーの主張の核心は、「個々の脳」の研究だけからは説明できないものを、「複数の脳」の「間」での相互作用（情報交換）を通じて創発する現象として捉えることに存するが、この「間」は、現象学で言う「世界」現象に関係すると同時に、チャルマーズの「情報」概念にも密接に関係してくるのではなかろうか。

ジンガーは、「情報をやり取りする脳は、他のそれぞれの脳について、その想像される状態をモデル化する能力をもっていなくてはならない」と言っているが、情報のやり取りが脳神経過程の可塑性を賦活し、意識的経験が他の人間と環境世界との有機的‐円環的相互関係をもつことを可能にしていると思われる。

さて、ジンガーの「脳の社会的相互作用説」は、どこまでチャルマーズの問いかけに答えている、と言えるだろうか。

繰り返すが、チャルマーズの提起する意識のハード・プロブレムは、T・ネーゲルやC・マッギンのようなミステリアンが強調する、一人称的経験の還元されえない特質に関するものと同一視されてはならない。チャルマーズは、意識の主観的特質が人間の科学的能力を全く超越した次元に属す、というペシミズムに与しているのではないのであり、ただ現在の認知神経科学の標準的な方法では説明できない領域が存在することを直視するように促しているだけなのである。そして、彼が主張する意識の「やさしい問題」と「難しい問題」の区別は、決して両者の隔絶を意味するのではなく、前者に関する研究の集積がいつの日にか後者への解答に役立つであろうことを期待しているのである。そこで彼はカントの表現を借りて、「やさしい問題を欠いた難しい問題は空虚であり、難しい問題を欠いたやさしい問題は盲目である」(31)と言っている。

意識の難問の起源に関するジンガーの説は、極めてユニークで鋭利であるが、この点に関する見落としが看取される。つまり、現在の認知神経生物学の標準的方法では説明できない「意識の主観的特質」の由来に関する説明は優れているが、或る意味では難しい問題の提起の矛先を折ろうとする傾向が見られ、脳の物理的過程からの経験の「創発」を説明するための「格別の要素」を求めるチャルマーズの問いかけには十分答えていない、と思われる。

チャルマーズは精神物理学的原理の内にその格別の要素を求めようとするが、それが本来「生物学的現象」である「意識」には不適切であることは既に述べた。そこで、脳の神経生物学的過程からの経験の創発の説明は、まさに創発主義的精神生物学の原理の内に「格別の要素」を見いださねばならないことになるのである。

そしてこのことは、脳が高度の可塑性をもつニューラル・システムの複合体であり、かつ社会・文化的環境の中での他者の脳との情報交換によって生気づけられた「主体の志向性の器官」であることを顧慮することが肝要である。それによって人間の思考と認知における一連の情報処理の主観的側面としての「経験」は、ヴァレラの神経現象学的観点をサールとジンガーの創発主義的精神生物学の立場と融合する地平から説明することが可能になる、と思われるのである。

5　色盲の神経科学者メアリーの色覚に関するアポリア

さて、もう一度チャルマーズによる意識のハード・プロブレムの提起に立ち返って、その問題提起の意図を鮮明にするような例を取り上げることにしよう。それによって、一旦その矛先が折られたかに見える意識的経験の主観的特質に関する問題が、新たな側面から照らし出されるのである。

オーストラリアの哲学者フランク・ジャクソンは、クオリアの問題に関する有名な思考実験を創案した[32]。彼の想定は、二三世紀にメアリーという優れた女性の神経科学者がおり、彼女は色覚の脳内神経過程に関する世界的エキスパートであるが、ただし生まれてからずっと白黒（とグレー）の部屋に住んでいて、他の色は全く見たことがない、という突飛なものである。

メアリーは脳内の色覚に関するすべての過程、すなわちその神経生物学、神経解剖学（構造）、そして機能を知っている。すなわち彼女は、脳が刺激を弁別し、情報を統合し、その結果を言葉で表現し、他者に報告する、そのプロセスすべてを知り尽くしているのである。そして、このことはチャルマーズの言う意識の「やさしい問題」に関しては知るべきことのすべてを知っており、それに答えることができることを意味する。

このような色覚に関する知識によれば、メアリーは光のスペクトルの波長が色とどのように関係しているかを熟知していることは明らかである。しかし、彼女が色覚に関して知らない決定的な事柄がある。例えば、鮮やかな赤の質感（クオリア）とはどのようなものなのか、あるいは端的に「赤」とはどのような「感じ」なのかということは分からないのである。

チャルマーズは言う。「このことから、意識するということは、脳がどのように機能するかという物理的事実からは、推論できない事実があるということになる。実際、このような物理的過程がどのように意識をもたらすかは、誰にも全く分からない。我々の脳が或る波長の光を処理すると、なぜ深い紫の色を意識できるのか(33)」。

さて、クオリアの問題は、意識の主観的特質と脳の関係を考える上で避けて通ることができないと同時に最も難しい問題でもある。しかし還元主義者にとっては余計なものであり、消去したい問題である。還元主義者ないし物理主義者は、クオリアを結局は脳の神経物理的過程に還元しようとするのである。したがって彼らによれば、言い表しがたく美しいエメラルドグリーンの海原の色（クオリア）も、一面に咲いたラベンダーが織り成す色彩の妙（クオリア）も、初冬の夕焼け空の印象深い色（クオリア）もすべて、或る特定の波長の電磁波がヒトの網膜の光受容細胞から視神経路を通って後頭葉の視覚皮質に至る神経情報処理過程とその結果にすぎないことになる。

しかし或る特定の波長の電磁波と脳内の数百万〜数千万のニューロンの同時発火による色彩情報処理が、そのまま右に挙げた、それぞれの特徴的で印象深く、言い表しがたい「色彩クオリア」とイコールになるであろうか。

この問題は、H_2O 分子と水の関係に置き換えてみると分かりやすくなる。「水」のもっている多彩な性状は枚挙に暇がないので割愛するが、その多彩な性状とそれを人間が感受して生じた質感（色覚、味覚、触覚）つまりクオリアが、単純にイコールの関係になるとは言えまい。しかし、「水」のもっている多様すぎる性状とそれに対応するクオリアのすべてを単一の要素に「還元」するために我々は一つの「規約」を必要とする。それが H_2O という化学構造式なのである。

ここで一つの「規約」を設けて、それによって物理主義的用語で表現できないものすべてを「除去」し、すべての多様な質感を物理 - 化学的過程に「還元」するということは、一つの強引な処置であるということを物理主義者は自覚すべきである。

科学的研究を支えているのは分析と還元という基本操作であり、近代科学の進歩はこれに与かるところが大きい。そして、それは現代の脳科学の進歩にも大きく寄与していることは確かである。

しかし、真の英知的科学は、分析と還元と一方的な実証主義（positivism : ラテン語の pono〈前に置く、定める〉に由来する語で、積極主義も意味する）に尽きるものではない。特に現代科学の頂点に立つ「脳科学」は、「心」ないし「主観的意識」という、従来の実証科学の実験的客観化の手法の手に余るものに、非還元主義的に立ち向かおうとしている。換言すれば、「実験的客観化の手に余る〈意識の主観的特質〉」に科学のメスを、決して還元主義的にではなく入れることこそが、脳科学ないし認知脳科学をますます深め、進歩させるということなのである。

生物物理学専攻で、理論神経科学者の茂木健一郎は、『脳とクオリア』という自著の第五章「最大の謎〈クオリア〉」のエピグラムとして、F・クリックの次の言葉を掲げている(34)。

「読者は、私が意識について様々な憶測を述べたてたにもかかわらず、長期的に見れば最も深遠な問題を巧みに避けたという印象をもつだろう。私は、クオリアの問題――〈赤〉の〈赤らしさ〉の問題――に関しては、私は、それをわきに押しやり、幸運を祈るとしか言い様がない」（『驚異の仮説』より）。

それに対して茂木は、心脳問題の最大最終の謎はずばりクオリアだ、と断言し、クオリアの問題に真っ向から挑もうとする。

茂木によれば、クオリア（質感）は言葉、すなわち「シンボル」によっては表現できない原始的感覚である。そしてクオリアこそ心と脳の間に存する深い溝、とても越えられないような断絶を象徴する存在であるが、それでもなおクオリアこそ心‐脳関係を解明することの困難さを象徴するものなのである。(35)

こう考える茂木にとって、クオリアの問題はクリックのように、用心深くわきに押しやられるべきものではないし、デネットのように消去されたり、チャーチランド夫妻のように神経物理学的に還元されるべきものでもない。茂木は、クオリアの問題を直視する姿勢において、はっきりとチャルマーズに賛同している。(36)

ただし茂木はチャルマーズと違って、あくまで脳を重視する。彼は言っている。

「私は、クオリアは、単に内観的立場からのみ把握される属性ではなく、脳の中の情報処理のプロセスの或る重要な特性と考えている。クオリアなしでは、私たちの脳の驚くほど高度な情報処理の能力は成立しないのだ。別の言い方をすれば、クオリアの表現を含まない脳の情報処理のモデルは、不完全なものであるということになる」(37)。

また次のようにも言っている。

「内観的に見て私たちの心の中でクオリアがもつ属性と、客観的に見た脳の中の情報処理過程は、密接に関係している。というか、両者は、同じ現象の表と裏なのである。したがって、脳の中の情報処理過程を理解することは、同時に、内観的な視点からのクオリアのもつ属性を理解することにつながると期待される」(38)。

茂木は基本的にクオリアを情報神経科学の立場から捉えようと提案しているのだが、哲学的にはプラトンとホワイトヘッドに共感している。つまり茂木の哲学的立場は、プラトンの言うイデア（理念、概念）の世界の実在性を承認し、ホワイトヘッドの有機体論的な自然哲学を心脳問題に応用するようなものなのである。(39)

近年、評判の悪いプラトンやホワイトヘッドの哲学が、こんなところで高く評価されるのは意外だが、それはさておいて、意識の主観的特質としてのクオリアが、客観的な情報処理過程と裏表関係にある、とする茂木の思想は、チャルマーズの「情報の二重局面理論」をより脳科学（神経科学）に引き寄せたものと解釈できる。また「情報」理論の重要性を指摘する点でも茂木はチャルマーズと共通点をもっているのだが、茂木の方は、チャルマーズが依拠したシャノンの情報理論を超える、新たな情報理論の必要性を説いている。

さて、ここでもう一度、ジャクソンの思考実験に立ち返ってみよう。

白黒のみの部屋で生活してきた、色彩神経科学のエキスパートであるメアリーは、その部屋を出て、色彩にあふれた自然界を見たとき、はたして「鮮やかな赤」や「深い青」や「きらめく金色」をどのように体験するのだろうか。メアリーは色彩神経科学のエキスパートとして、これらの印象深い「色」が脳内のどのような神経情報処理過程から生じるかについて、「理論的」にはすべて知り尽くしている。しかし「実際の印象深い色彩」をそのものとして、つまりそのクオリアを、我々と同じように体験できるだろうか。ジャクソンやチャルマーズによれば、答えはノーである。彼らの意図は、還元主義や物理主義を批判することにある。

ジャクソンによれば[40]、メアリーは白黒の部屋に閉じ込められていたときにも、物理学と化学と神経生理学の完璧な知識によって、あらゆるものの因果的ならびに相関的事実とそれらの機能的役割を知っていた。すなわち彼女は、「物理的（physical）」と呼ばれるものすべてに関する知識を、白黒の部屋の中で既に獲得していたのである。それゆえ、もし物理主義（physicalism）が正しいとするなら、彼女は知るべきものはすべて知っていたことになる。したがって、彼女は白黒の部屋から外に出て、熟した赤いトマトを見ても、それを「赤」として弁別できると物理主義者は主張するであろう。

図 5 - 1

73, No. 6, December 1995, pp. 62-63.
/hite Photograph), Tom Draper Design (Digital Composition).

しかし、本当に弁別できるであろうか。ジャクソンによれば答えはノーである。メアリーは、その卓越した神経生理学と物理学の知識にもかかわらず、「赤を感覚するというのはどのようなことなのか（What is it like to sense red ?）」を、まさしく想像できなかったし、それゆえ知らなかったのである。

ジャクソンは、ここでネーゲルの表現を借りて、クオリアの一人称的（主観的）体験の側面を強調しているが、このことは同時に「他者」経験の問題に関係してくる。

白黒の部屋に閉じ込められていたメアリーに欠けていたのは、実は「非物理的なもの」に関する知識ではなく、「他者の経験」だったのである。

物理主義者のポール・チャーチランドは、ジャクソンの説に真っ先に反論した一人であるが、彼の反論の主要な点は、メアリーは白黒の部屋から出て「赤」を初めて見たとき、それを「赤」として知覚できないからといって、そこから「非物理的な」クオリアが存在するとは言えない、というものである。(41) しかし、これはジャクソンの論点を取り違えている。ジャクソンは言っている。「メアリーが白黒の部屋から解放されて熟したトマトを普通の条件下で見て、赤の感覚をもつとしよう。彼女の最初の反応は、他者たちが熟したトマトを見たときと同じような経験

（出所）*Scientific Ameri*
© Dan Wagner（

について、今初めて知った、と言うことである[42]」。

ジャクソンの立場は、物理的なものと非物理的なものの分離を主張する二元論のそれではない。彼は、メアリーの例は物理主義と同時に二元論をも批判するために創案されたものだ、とはっきり言っている。問題は、物理主義と二元論双方の独断的視点なのであり、ジャクソンの批判もそれに集中しているのである。とするなら、ジャクソンの思考実験は、クオリアの「間主観的」存立の証明のためになされたとも解釈できよう。いずれにせよ、メアリーの例は、ネーゲルの問い「コウモリの気持ちが分かりますか（What is it like to be a bat?）」をクオリアの問題に応用したものと考えられる。

ちなみにチャルマーズは、先述のように「自然主義的二元論」の立場をとるので、ジャクソンの思考実験をより「非物理的なもの」の存在の証明に引き寄せて解釈している。しかし、それとても実体二元論のような独断的主張ではない。

チャルマーズは言っている。「彼女〔メアリー〕は、物理学の用語で言い表すことできることはすべて知っている。しかし彼女に欠けているのは、物理的存在（physical entities）の隠れた（現象的あるいは元現象的）本質についての知識なのである[43]」。

この主張は言うまでもなく、「情報の二重局面理論」に基づいている。つまり、物理的存在の背後に隠されているのは「情報」、より正確には「宇宙の情報構造」である。

しかし、ジャクソンにせよチャルマーズにせよ、還元主義と物理主義の批判に熱中するあまり、「脳」の神経活動の重要さを忘れてしまっている、と言えないくもない。

茂木がチャルマーズに賛同しつつも、クオリアの問題をあくまで脳の神経活動と関係付けて論じるべきだ、と主張していることは既に述べた。我々としても、ジャクソンやチャルマーズの批判を受け入れた上で、クオリアと脳の関係を考えるのが正当だと思う。

ちなみにジンガーは、「自意識やクオリアについての主観的意識は、二元論的な立場をとらなくても、脳の創発的な性質として理解できる。それらは我々の世界に属すものではあるが、社会的または文化的な起源をもち、それゆえ歴史的および対人的次元を含んでいる。そのため単独の脳の創発的性質としては容易に理解できず、通常の神経生物学的なアプローチの範囲を超えてしまうのである(44)」と述べている。

ここでもジンガーは、「複数の脳」の情報交換によって「創発」するクオリアの性質に注意を促している。つまり彼は、「単独の脳」の神経生物学的研究によってクオリアの問題が解明されえないからといって、そこからただちにクオリアと脳を切り離してしまうことを戒めているのである。

ジンガーにとって「脳」は「物理的機械」に尽きるものなどではないのだが、このことは万人が認めるべきことであろう。脳は、ブンゲが言うように「生物情報システム」なのである（ここで改めて本書第1章の内容を想起して欲しい）。

なお、蛇足ながら、最後に付け加えておきたいことがある。それは、「思考実験」はどこまで行っても「思考」実験なのであり、実際の科学的実験と同列には並ばない、ということである。このことをわきまえないと、権利問題（quid iuris）と事実問題（quid facti）を混同し、「権利問題の原理」を無際限に拡張してしまう恐れがある。

次に挙げるチャーチランドの指摘は銘記すべきものである。

「メアリーは半永久的に色を奪われるために、必ず脳の発達障害を起こすだろう。大人になってから彼女を解放するというのでは遅すぎる。そのときには既に、彼女の色覚を受けもつはずのニューロンはひどく退化してしまっているだろう。しかし、この事実はせっかくの話を台無しにしてしまう」(45)。

6　意識のハード・プロブレムと宇宙の情報構造

第1節で紹介したように、チャルマーズは脳の物理的過程からの経験の「創発」をはっきりと説明するための「格別の要素」を要請し、この格別の要素を「精神物理学的原理」のうちに求めている。そして、この精神物理学的原理は「情報の二重局面理論」として定式化されるのである。

この理論によれば、宇宙（世界）の究極的要素は、物質的でも精神的でもない「情報」なのであり、この「情報」が外部的局面として物理的過程をもち、内部的局面として意識的経験の現象的性質をもつ。そして物理的過程（物質）と意識的経験（精神）を相即させるは「情報空間」である、とされる。

チャルマーズは意識のハード・プロブレムの解決の糸口を、以上のような「情報の二重局面理論」のうちに見いだそうと提案しているのである。彼の心身論ないし物心論上の立場は幾分ラッセルの中性的一元論に似ていなくもないが、チャルマーズの理論が依拠しているのは、数学者C・E・シャノンの情報理論である。

「情報」概念は、今日至るところで重要な役割を果たしている。認知科学（認知心理学）、分子生物学（生命科学）、バイオテクノロジー、そして脳科学（神経科学）等々……。そして、パソコンの一般家庭への普及とインターネット網の拡大によって、「情報」はいよいよ巷に満ちあふれている。「情報」は、まさしく世界の「有意義性の指示連関」（ハイデガー）を電子技術的に確証するような様相を呈している。

しかし「情報」は、果たしてチャルマーズの言うように、森羅万象の根底に存するものとして、宇宙の根本原理を説明し、かつまた心身問題の極北に位置する意識のハード・プロブレムを解く鍵を与えてくれるのだろうか。

既述のように、チャルマーズは数学出身であり、物理学も一時専攻し、コンピューター学にも精通している。事実、彼は現在、哲学者であると同時に認知科学者でもあるのだ。

しかし、彼には大きな弱点がある。それはサールも指摘しているように、彼が意識理論と生物学の融合を拒否し、むしろ人工知能による意識の創出の可能性の方を評価していることである。

チャルマーズは明らかに、人間の意識（心）が長い生物進化の果てに生じた機能であることを無視している。意識のハード・プロブレムは、脳の神経活動から、いかにして「意識の主観的特質」ないし「意識的〈経験〉」が「創発（emerge）」するかに関わるものである。問題は、この「創発」が精神物理学的に捉えられるべきか、それとも精神生物学的に捉えられるべきか、ということなのだが、我々はマリオ・ブンゲやその他本書で取り上げた数人の有機的人間観を採る人々にならって、やはりそれは「精神生物学」的に捉えられるべきだと考える。

そこで、生物進化の果てに誕生した人間の「脳」と意識のハード・プロブレムの関係を「情報理論」を見やりながら究明することが必須となる。

情報理論は、ストウニアの情報物理学に端的に表明されているように、ビッグバンによる宇宙の創生と、それからの情報のインフレーション（膨張）による自己組織的生命システムと知的システムの誕生の問題に収斂していく。そこで、まさしく「意識のハード・プロブレムと宇宙の情報構造」が問題となるのである。

我々は、この問題に、あくまで情報生物学的立場から取り組むべきである。

生理学者の品川嘉也は、京都大学出身にふさわしく、哲学的素養に恵まれているので、彼の理論は本書にとって非常に啓発的である。そこで彼の「精神と物質に関する科学哲学」をここで取り上げることにしよう。

品川『意識と脳』という自著の序で次のように述べている。

「すべての構造は、情報によって造られる。情報は、宇宙の膨張によって産まれた。宇宙の情報によって、物質・生命・意識が生まれたのである。物質も、生命も、意識も情報構造に他ならない、という立場で自然界の歴史をすべて説明することができる」(46)。

この主張はストウニアとほとんど同じである(ちなみに品川の主張の方がストウニアのそれに先立っている)。しかし、品川は生理学の中でも特に脳(神経)生理学を得意とする学者なので、ストウニアよりもさらに宇宙の情報構造と、人間の脳ならびにその脳から生ずる意識の関係に深い解明のメスを入れている。しかも、彼は京都学派らしく西田哲学の間接的影響がうかがわれるような意識理論を獲得している。次の言明は、それを端的に表していよう。

「意識のあり方を自省してみると、自分の脳の中に全世界が反映されているが、その頭脳の中に映し出された世界の中には、世界の構成要素としての自分自身も存在している。さらに、世界像の中の自分も意識をもっていて、その意識の中にさらに世界が映し出されている、という循環が成立していることに気づく。意識のあり方は、本質的に反射的であり循環的である。このようにして人間は、簡単に無限大を認識するようになる」(47)。

品川のこの発言は二〇世紀末期のものであるが、二一世紀最初の年の今日、我々各自が、世界の中で自らを自覚するとき、そのときまさに、世界(宇宙)と自己の情報構造的「共鳴(共振)」が生起しており、その基底に存するのはビッグバン以来の情報のインフレーションなのである。言葉を換えて言えば、小我(人間の脳の情報処理過程)は大我(宇宙の情報構造)と相即不離の関係にあり、前者と後者の共鳴は、「情報」の物理的実在性(48)を強く示唆するものとなるのである。

ところで、情報理論ないし情報物理学はアインシュタインの相対性理論と深く関係している。この点は、既述のようにストウニアも認めるところだが、品川はそれを別の観点から捉えている。

彼は、アインシュタインの公式 $E=MC^2$、つまりエネルギーは質量と光速の二乗の積に等しいということを、「もの（物質）」と「こと（事実）」の関係に置き換えて捉え直す。つまり、物質という「もの」は、エネルギーという「こと」と相互置換可能だ、というふうに捉え直すのである。[49] ちなみに古典力学においては、エネルギーとは物質の状態（事実、こと）であって、物質とはされなかった。相対性理論によって、この「こと」的エネルギーが「もの」的物質と相当関係にあるものとされたのである。

さて、この物質とエネルギーの相当関係に今度は情報が加わる。

品川によれば、宇宙の開闢の初め、エネルギーから物質と反物質が作られたが、そのとき作られた物質と反物質が等量ではなく、前者の方が後者より僅かばかり多かったので、その後宇宙は順調に膨張していったのである。しかも、その膨張の最初期に「情報」が産まれた。そして物質（もの）は、情報（こと）によって物質たらしめられたのである。つまり物質（H_2Oという単純な分子からDNAという高分子まで）を物質たらしめているは、宇宙の「情報」構造なのである。「物質とエネルギーは等価であり、エネルギーの散逸によって情報が作られ、情報によって物質の構造が作られる。宇宙の秩序は、このサイクルによって創られたのである」[50]。

品川はまた、生命の起源にとっても、物質とエネルギーと情報の三者が必要であった、と考える。しかも、このうちで「情報」が最重要である、と言う。生命は有機化合物から成るが、有機化合物は情報を多量に含んでおり、それゆえエネルギーの摂取力が強く、生命の起源の前提条件を充たすのである。[51]

現存の生物はすべて、核酸の一種であるDNAに遺伝情報を保存し、その情報を他種の核酸であるRNAに写し、

ＲＮＡの情報に従ってアミノ酸を並べてタンパク質を合成する方法をとっている。こうした情報高分子に貯えられた情報によって生命という新しい構造が創られたのであるが、その過程は偶然ではなく、必然であった。そしてそれは宇宙が「情報構造」をもつからに他ならないのである(52)。

宇宙の情報構造と生命の関係は以上のようなものである。

それでは「意識」と宇宙の情報構造の関係はどのようなものなのか。品川は次のように述べている。

物質進化の過程において原子が作られた。原子そのものが重力崩壊という平衡状態から遠く離れた系であり、情報をもった構造である。宇宙の歴史は、原子から分子を作った。分子はさらに情報量の多い構造であるが、分子進化は、より情報量を増加させる方向に進んだ。その極限が生体高分子であり生命の起源である。すなわち、大量の情報を保存する自己増殖系の出現である。遺伝情報として書き切れなくなるほど情報量が増加すると、記憶装置として神経系が利用されることになり、脳の進化が始まる。情報保存の方法として、遺伝に学習が付け加えられることになる。学習によって外界に適応するためには、外界の認識が必要となる。外界の認識はより多くの情報をもたらすので、ますます多くの情報が獲得される。外界の認識が、意識の進化の第一段階と考えられる。進化の段階を経て自己の認識、外界の中における自己の認識、自己をその中に含む宇宙の認識へと進んだ。大量の情報をもった構造としての脳と、その機能としての意識が組織される。脳は情報によって――平衡から遠く離れた系として――作られた構造として出発し、情報の器官として進化した(53)。

少し引用が長くなったが、品川は意識（脳）と宇宙の情報構造の関係を見事に捉えている。

チャルマーズの場合は、意識の創生にとって脳は必須のものではなく、「組織不変性」の原理に従って、シリコン・チップによって構成されたコンピューター回路もニューロンによって構成された脳神経回路も、それが同じ機能的組織の因果パターンを有していれば、同じ意識をもつはずだ、と考える。チャルマーズのこの考え方は、サールによって強く批判された。サールは、あくまで意識が人間と動物の神経系（脳）から自然発生すると考え、進化生物学の原則に忠実たらんとし、意識の人工知能モデルを激しく非難する。

ところで品川の立場は、情報物理学の原則を採るという点ではチャルマーズと共通しているが、生命の起源と生物（とりわけ人間の）意識の発生もまた情報物理学（情報自然学）の範囲内で考える点で傑出している。彼にとって物理学と生物学の間には、学問的区分はあっても、チャルマーズが考えるような懸隔はない。それは品川がプリコジーヌの散逸構造論から多く学んでいるからである。

プリコジーヌの散逸構造論は、決定論的世界像を根底から覆したものとして、あまりに有名であるが、品川は、「現代の科学は、宇宙を非決定論的な偶然と法則性の織り成すあやと見ている。自然科学は、総体として、人間の科学となったのである」と述べ、プリコジーヌ学説をさらに拡張している。

意識は「開放系のスーパーシステム」としての脳から「創発」する生物学的現象であることに間違いはない。脳そのものは外延をもつ「もの」であるが、脳の機能は外延をもたない。それは「もの」ではなく「プロセス」である。

この脳の機能としての心的プロセス（意識の主観的特質）を捉えるためには、情報‐神経生物学と非線形力学の共同研究が必要である。しかも、それに鍛練された一人称の現象学的既述が加味されねばならない。したがって、その研究は困難を極めるものとなろう。

意識のハード・プロブレムは確かにハードである。しかし、それが永遠に解けない、という理由はどこにもないのである（チャルマーズ）[54]。

註

（1）この会合については、J・ホーガン「意識は科学的に説明できるか」（松本修文訳、『日経サイエンス』一九九四年九月号）を参照。

（2）Cf. F. Crick, *The Astonishing Hypothesis : The Scientific Search for the Soul*, Simon & Schuster, New York, 1995.

（3）D. J. Chalmers, Facing up to the Problem of Consciousness, *Toward a Science of Consciousness*, ed. by S. R. Hameroff, A. F. Kasazniak, A. C. Scott, MIT Press, 1996, pp. 5-28.

（4）D. J. Chalmers, *op. cit.*, p. 6.

（5）D. J. Chalmers, *op. cit.*, p. 6.

（6）D. J. Chalmers, *op. cit.*, p. 7.

（7）D. J. Chalmers, *op. cit.*, p. 8.

（8）D. J. Chalmers, *op. cit.*, p. 9.

（9）Cf. F. Crick, *The Astonishing Hypothesis*, pp. 243-253 ; F. Crick & C. Koch, Toward a Neurobiological Theory of Consiousness, *Seminars in Neuroscience* 2, 1990, pp. 263-275.

（10）D. J. Chalmers, *op. cit.*, pp. 10f.

（11）D. J. Chalmers, *op. cit.*, pp. 13ff.

（12）D. J. Chalmers, *op. cit.*, pp. 24ff.

（13）D. J. Chalmers, *op. cit.*, p. 18.

(14) D. J. Chalmers, *op. cit.*, pp. 12, 15f.

(15) Cf. D. J. Chalmers, *The Conscious Mind*, Oxford University Press, New York, 1996, pp. 123-171.

(16) Cf. F. J. Varela, Neurophenomenology : A Methodological Remedy for the Hard Problem, *Journal of Consciousness Studies* 3, No. 4, 1996, pp. 330-349.

(17) F. J. Varela, *op. cit.*, pp. 331, 334.

(18) F. J. Varela, *op. cit.*, p. 339.

(19) F. J. Varela, *op. cit.*, p. 340.

(20) F. J. Varela, *op. cit.*, pp. 333, 343.

(21) F. J. Varela, *op. cit.*, p. 343.

(22) F. J. Varela, *op. cit.*, p. 344.

(23) J. R. Searle, How to Study Consciousness Scientifically, *Toward a Science of Consciousness*, Bd. II, MIT Press, 1998, pp. 15-29.

(24) J. R. Searle, *The Mystery of Consciousness*, A New York Review of Book, 1997, pp. xiiif.

(25) D. J. Chalmers, Facing up to the Problem of Consciousness, pp. 22ff.

(26) J. R. Searle, *The Mystery of Consciousness*, pp. 146ff.

(27) J. R. Searle, How to Study Consciousness Scientifically, p. 28.

(28) J. R. Searle, *The Mystery of Consciousness*, pp. 8-18, Cf. M. Bunge, *The Mind-Body Problem*.

(29) W. Singer, Consiousness from a Neurobiological Perspective, *From Brains to Consciousness ?*, Penguin Books, London, 1999, p. 242.

(30) W. Singer, *op. cit.*, pp. 242-243.

(31) D. J. Chalmers, Moving foward on the Problem of Consciousness, *Explaning Consciousness*, ed. by J. Shear, MIT Press, 1998, p. 394.

(32) Cf. F. Jackson, Epiphenomenal Qualia, *Philosophical Quarterly*, 32, 1982, pp. 127-136 ; What Mary didn't know, *The Journal of Philosophy*, Vol. 83, No. 5, 1986, pp. 291-295.

(33) D・J・チャルマーズ「意識をどのように研究するか」(『別冊 日経サイエンス・心のミステリー』日経サイエンス社、一九九八年)

(34) 茂木健一郎『脳とクオリア』日経サイエンス社、一九九八年、一四六ページ

(35) 茂木健一郎、前掲書、一二ページ

(36) 茂木健一郎「クオリアと主観性」(松下正明編『こころの科学86・精神医学の百年』日本評論社、一九九九年)

(37) 茂木健一郎『脳とクオリア』一四八ページ

(38) 茂木健一郎、前掲書、一六七ページ

(39) 茂木健一郎、前掲書、一〇ページと一七五ページ以下を参照。

(40) F. Jackson, What Mary didn't know.

(41) Cf. P. M. Churchland, Reduction,Qualia, and the Direct Introspection of Brain States, *The Journal of Philosophy*, Vol. 82, No. 2, 1985, pp. 8-28. P・M・チャーチランド『認知哲学』信原幸弘・宮島昭二訳、産業図書、一九九七年、二六三―二六六ページ

(42) F. Jackson, *op. cit.*, p. 294.

(43) D. J. Chalmers, *The Conscious Mind*, p. 143.

(44) W. Singer, *op. cit.*, p. 245.

(45) P・M・チャーチランド『認知哲学』二六四ページ

(46) 品川嘉也『意識と脳』紀伊國屋書店、一九九〇年、九ページ

(47) 品川嘉也、前掲書、一五ページ

(48) T・ストウニア『情報物理学の探求』七―一九ページを参照。

(49) 品川嘉也、前掲書、四〇ページ

（50）品川嘉也、前掲書、四〇―四一ページ
（51）品川嘉也、前掲書、五一ページ
（52）品川嘉也、前掲書、五四―五五ページ
（53）品川嘉也、前掲書、一九六―一九七ページ
（54）D. J. Chalmers, Facing up to the Problem of Consciousness, p. 26.

第6章 心身問題と今後の哲学の課題

本書はマリオ・ブンゲの創発主義的マテリアリズムの考察から始めて、それをメルロ＝ポンティの現象学的身体論によって補い、さらに精神医学と心身医学という実地の学問（科学）における心身問題のアクチュアリティーを論じた。そして直前の章では、心身問題の究極的課題である「意識の主観的特質に関するハード・プロブレム」の意味を究明した。

これまでの論述の中核をなしているのは、「心身二言論の克服」であるが、なぜこの二元論が克服されねばならないのか、は十分読者に分かっていただけたと思う。ただ前章で取り上げたチャルマーズは、自然主義的な性質二元論の立場をとっているが、このことも本章の意図からすれば、あまり問題はない。なぜなら情報理論ないし情報物理学に基礎を置く心身論は、精神神経的一元論の立場はとらず、心身相関を情報の多面体として捉えるのであり、マテリアリズム的一元論にはならないからである。そして、このことは「心身二元論克服」の原則には抵触しない、と我々は考える。

「心身二元論の克服」というのは、機械論的唯物論（論理的行動主義、物理主義）とすべてのメンタリズム的立場の批判を目標とするものであり、単純な心身ないし物心同一説を奨揚するものなどではないのである。

例えば、第4章で取り上げたロッシの精神生物学的心身論は、精神神経免疫学の実証データと情報物理学の理念を、あくまでアクチュアルな次元で議論の舞台に乗せたものであり、それは機械論的唯物論とメンタリズムの対立の彼岸にあるものであった。また前章で取り上げたチャルマーズの意識論的心身論も、同様に機械論的唯物論とメンタリズムの対立を飛び越えるものであった。彼が、自らの立場が「自然主義的なもの」であって、従来の二元論（実体二元論）よりも、むしろマテリアリズム（ブンゲの意味での）に近いものだ、と主張していることは既に述べた。そしてロッシとチャルマーズに共通しているのは「情報」概念を心身論の中核に据える、ということである。

こうしてみると、心身問題の中心的課題たる「心身二元論の克服」は、結局「情報」の問題に行き当たり、それを中核として議論を展開することが必須だ、ということにが分かる。

また本書で何度も繰り返し述べてきたように、今世紀は「脳と心の科学」の時代なのであり、心身問題のアクチュアリティーを論じるためには、脳科学との対話は必須である。そしてその際我々は、養老孟司と大森荘蔵の間でなされた唯脳論と無脳論の不毛な対立(1)の彼岸に立つことを余儀なくされる。

本書でも繰り返し述べてきたように、我々の心身論は、反 - 唯脳論的な有機的一元論（というよりは有機的 - システム論的統合体論とでも言うべきであろうが、ここでは簡略化のために、一応こう言っておく）を目指すものであるが、それは決して「脳」を軽視するものではない。我々は、ここで改めてアンリ・エーの言葉を復唱しよう。「意識存在の大脳神話よりも無意識の無脳論を警戒せねばならない」。

我々は、大森の「無脳論」は全く非合理で非科学的かつ非哲学的なものだと断言したいし、養老の「唯脳論」の方がまだ救いようがあると思っている。

ところで、本章のタイトルは「心身問題と今後の哲学の課題」である。我々は、これまでの議論を踏まえて、この論題に取り組まなければならない。

そこで改めて、「心身問題」の哲学史的由来についてコメントし、それから現代科学（とりわけ認知脳科学）と哲学的心身論の関係を考察し、最後に今後の哲学（フィロソフィー：愛知）のあり方を論じることにしよう。

1　心身問題の原初形と現代科学
――ソクラテスの発言をどう受け取るべきか――

心身問題は、時空論や宇宙論や存在論とともに、古代ギリシャにおける西洋哲学創成期から存在した由緒正しい哲学的問題である。

この問題は、近世初頭のデカルトによって先鋭化され、その後、哲学の中にますます確固とした地位を占めてきた。しかし、今から二五〇〇年ほど前に、既にソクラテスはこの問題の核心に触れることを述べていたのである。プラトンの対話編『パイドーン』のよく知られた箇所で、ソクラテスは、自分が若い頃、当時の哲学者（ソフィスト？）たちがよくしたように自然の第一原理を究明することに情熱をもって挑んでいたことを告白している。彼はまず次のように言っている。

「僕はまず第一に、次のような問題と取り組んで、何度もあれこれと考え直したものだった。はたして、或る人々が言ったように、熱いものと冷たいものが或る仕方で腐敗するときに、生物体はその組織を作り成長するのか。我々が思惟するのは、血液によるのか、空気や火によるのか、それともそれらのどれでもなく、脳髄が聞くとか見るとか嗅ぐとかいう感覚を与え、これらの感覚から記憶と判断が成立し、記憶が固定すると、それによって知識が生じるのかと」(2)。

それからソクラテスは、事物の消滅や天上・地上つまり自然界全体の生成消滅を研究したが、ついに自分はこのような研究には生まれつき無能だと思うようになったと告白している。しかし、或る日アナクサゴラースの書物を手にしたとき、その本の中に「万物を秩序づけ万物の原因となっているものは知性（ヌース）である」という言葉を見いだし、それに共鳴した。ただし、一旦である。

アナクサゴラースの本を読み進むにつれて、ソクラテスは彼の思想に失望した。ソクラテスは言っている。

「知性を万物の原因であるとすることは、或る意味では、結構なことだと思えたからだ。そしてもしそうなら、この秩序を与える知性は、それが最善であるような仕方で万物を秩序づけるであろうと考えた。……こう考えて僕は、事物の原因について僕の望むような仕方で教えてくれる人をアナクサゴラースに見いだしたと思って喜んだのだ(3)」。

しかし、ヌース＝アルケー説に魅了され、万物と人間的善悪の判断の根拠をも、それに見いだしうると期待したソクラテスは、見事に裏切られた。「というのはね、読み進んでゆくうちにつれて、僕が見いだした男は知性など全然使ってもいないし、事物を秩序づける原因を知性に帰することもなく、空気とかアイテールとか水とか、その他の沢山のくだらないものを原因としているのだった(4)」。

そして、心身問題を論じる際に、よく取り上げられる、例の有名な箇所が、この発言の後に続く。我々は、次に引用するソクラテスの言葉を今一度、確《しか》と心にとめてとめておくことにしよう。

それはちょうどこう言ったら、一番近い譬えになるだろう。つまり誰かが、ソクラテスはそのすべての行為を知性によって行うと言っておきながら、僕の行為の一々の原因を説明する段になると、こんなふうに言うのだ。まず僕が今ここに座っている原因については、僕の肉体が骨と腱からできていて、骨は硬くて関節によって互いに分かれ、腱は伸び縮みして肉や皮膚と一緒に骨をつつみ、この皮膚がこれら全部がばらばらにならないようにまとめている、そこで骨はそのつなぎ目で揺れ動くから、腱を弛めたり縮めたりして、僕は今肢を曲げることができ、そしてこの原因によって、僕はここにこうして膝を曲げて座っているのだと。また君たちとこうして話し合っていることについても、彼は別のような原因を挙げるだろう。つまり声とか、空気とか、聴覚とか、その他無数のそのようなものを原因だとして、真の原因を語ろうとはしないのだ。真の原因とは、すなわち、アテーナイの人たちが僕に有罪の判決を下すのをよしとし、それゆえ僕の方もここに座っているのをよしとし、とどまって彼らの与える罰を受けるのがより正しいと思ったという、このことなのだ。(5)

三年程前、NHKの教育番組で京都大学創立記念のシンポジウムが公開放映されていた。出席者は、分子生物学者でノーベル賞受賞の利根川進、ギリシャ哲学が専門の藤澤令夫、数学者の広中平祐らである。

シンポジウムの論題は忘れたが、議論の進行中、おもむろに利根川は、「聴講者の皆様には信じ難いであろうが、人間の心（精神）は、二一世紀中に脳科学によって解明され尽くされるだろう」と発言した。そして、人間の遺伝子つまりDNAの分子構造はチンパンジーと九五％まで同じであり、「人間の尊厳」など考える必要はない、とも言っていた。

それに対して哲学者の藤澤は、直前に引用したソクラテスの言葉をもって挑戦し、人間の心は脳科学によっては解明され尽くされえない、と反論した。

つまり、ソクラテスが死刑の判決を受けて牢獄の中に座っている状態を、いくら生理学的に記述し説明しても、それはソクラテス自らの意志による「行為」の原因の説明にはならない、と藤澤は言うのである。

或る「行為」の原因は、その行為をする当人の「自由意志」によるものだが、この「自由意志」は「心」的態度であり、心の座は脳である。それゆえソクラテスが、牢獄の中に座って死刑の執行を待っている、という「状態」は、ソクラテスの中枢神経系つまり脳と脊髄が、末梢神経系に信号を送って、前掲の引用文中に記述されているような、関節と腱と筋肉の「状態」を保っているのである。とすると、ソクラテスが牢獄の中で死刑の執行を待ちながら座っているという「状態」の原因は、明らかに中枢神経系（脳）の特定の神経情報処理過程であり、より具象的には、特定の神経回路網における神経伝達物質のやり取りであり、それに付随するホルモンの分泌や電気生理学的変化である。

したがって、藤澤の反論に対して、利根川が次のように答弁したのは、理にかなっている。

「ソクラテスの脳を調べれば、すべて説明がつく」。

筆者は、「ソクラテスの脳を調べれば……」という利根川の発言に搏《う》たれた。よくぞ、そこまでストレートに言い切れるものだ、と思った(6)。

藤澤は話を別の例に移して利根川に対抗しようとしたが、それはあまり説得力がないように感じられた。藤澤は、科学者（特に理科系の）の興味本位な研究姿勢に批判の矢を向け、戦死したかつての同僚のことをもち出して、話をモラルの方向に向け変えようとしたのだが、利根川をはじめ、他の討論者は、戦争体験がないためか、うつむいて、藤澤の話を疎んじている様子がうかがわれた。はっきり言って、シラケていた。

ちなみに広中は、脳科学によって心的現象はすべて解明されると主張する利根川に対して、ノーバート・ウィナーのサイバネティックス理論の挫折という先例を挙げて、掣肘しようとしていた。

「利根川さんというのは昔から非常にポジティヴな人で、それはそれでいいんだが……」という広中の言葉を筆者は記憶している。

広中の立場は、利根川と藤澤の立場を調停しようとする中道派のそれと言えようが、今一つ積極的立案に導くには不足なものに思われた。

それはさておいて、再びソクラテスの行為の「意志」と「状態」の問題に戻ろう。

ソクラテスの発言において問題なのは、実は、彼の行為の「意志」の説明と行為の「状態」の説明の間に存する懸隔なのである。ソクラテス本人によれば、ヌース（知性、精神）が万物のアルケーだとするならば、関節や腱や筋肉の「状態」の因果的説明は、自らの自由意志による「行為」の原因を全く説明してくれないことになる。

なおソクラテスの思想は、そのほとんどが弟子のプラトンの対話編から知りうるものであり、プラトンによる思想的加工が若干加わっていることに、ここで留意しておかなければならない。

プラトンによれば、万物のアルケーは「善のイデア」であり、理想国家とは、「善のイデア」を認知している哲人によって統制されるべきものであり、人民すべてが、理想国家の実現に向けて哲人の指導下に「善く生きる」ことが要請される。

ソクラテスが、自らの死刑の執行を待って、獄中に座っている「真の原因とは、すなわち、アテーナイの人たちが僕の判決を下すのをよしとし、それゆえ僕の方もここに座っているのをよしとし、とどまって彼らの与える罰を受けるのがより正しいと思ったという、このことなのだ」と断言しているのは、まさに「善のイデア」が万物のアルケーであると確信し、それに殉ぜんがためである。

しかし利根川の発言は、その英雄的行為（理想）を茶番として容赦なく打ち砕く。

「ソクラテスの脳を調べれば……」。

筆者は利根川の意見に基本的に賛成である。しかし、賛成とはいえ、或る制限を付け加えたい。そのことを以下説明しよう。

藤澤ならびにソクラテス（プラトン）の考え方は、根本的には心身二元論の制約下にある。

これまで繰り返し説明してきたように、心身二元論は厳密に定義すれば、非物質的「心」と物質的「身体」が、「同一の元のプロセスの異なった二つの側面である」ということを理解しない、すべての見解を指している。したがって厳密に言えば、機械論的唯物論（消去的行動主義と還元的物理主義）もまた、心身二元論に由来するものだし、メンタリズムの唯心論と相互作用説が心身二元論を前提したものなのは言うまでもなかろう。

注意すべきなのは、「心身二元論」というものは、単に心と身体の分離や相互の独立自存を主張するものだ、というにとどまらず、それが「〈心〉と〈身体〉が同一の〈原プロセス〉の呈する異なった二側面である」ことを理解しない立場だ、ということなのである。

万物のアルケーは「情報」ないし「宇宙の情報構造」である、というのが本書における筆者の暫定的見解である。この見解によれば、ソクラテスの行為の「状態」の生理学的説明と行為の「意志」に関する哲学的（心理学的）説明の対立は乗り越えられる。

ソクラテスの行為の「状態」は、中枢神経系の情報処理過程によって制御された末梢的生理状態であり、ソクラテスの行為の「意志」は、彼の中枢神経系（脳）の情報処理過程そのものである。

しかしここで、この意志＝脳の情報処理過程説を物理主義的に受け取ってもらっては困る。この説は、創発主義的精神生物学と情報理論の融合から理解されるべきものなのである。

ソクラテスとプラトンと藤澤の立場は、実は心身二元論なのであって、身体と脳を「物理的機械」と解釈してしまっている。それに対して我々は、脳は他の脳との情報交換による「社会的相互作用」を繰り返しながら、生成

（物活）する、高度の可塑性を有する「主体の志向性の器官」であり、それはまた「身体」に有機統合されたものであると考える。

「脳」と「身体」と社会的「心」、この三者は切っても切り離せないものとして、一つの「有機体」のうちで統合されている。

物理主義と二元論は、このことが分からないので、或る行為の「状態」と「意図」を全く別のものとして一旦区別した上で、あるいはその区別を前提として、両者の関係を考える。その結果、心理学的「意図」が生理学的「状態」に還元されたり、逆に心理学的「意図」が生理学的「状態」から全く独立自存していて、後者を自由に制御できるかのように思い込まれたりするのである。

筆者が制限付きで利根川の意見に賛成だ、と言ったのは、以上のような理由からである。つまり利根川が、ヒトのDNAの分子構造が九五％までチンパンジーと同じであり、「人間の尊厳」など考える必要がない、とする点には大変疑念の余地があり、彼の心脳論は、「創発性」の概念と情報物理学の所見を十分取り入れていない様子がうかがわれるのである。

シンポジウムの際に、京都大学の法学部の教授が、まさしく「利根川さん、あなた〈人間理の尊厳〉についてどう思われますか」と質問したのであるが、この法学者はまた、「〈自己〉というのは生理学的にはその実在を証明できないけれども、法学上ないしは裁判上どうしても必要な概念なのですよ」と言っていたことを思い出す。

この法学者の主張も創発主義的精神生物学の立場には難なく受け入れられるし、積極的に考察の対象とされるべきものである。

最後に一言付け加えておけば、我々は人情話にも疎くない脳哲学（神経哲学）を構築したいものだと思っている。

そうすれば、藤澤の発言も無駄骨に終わらないであろうし、第3章に「症例から考える「心」の意味」という節をあえて挿入したのも、そういう意図があったからなのである。

2 哲学的心身論を現代の神経科学者はどう見るか

これまで繰り返し述べてきたように、哲学的心身論ないし哲学的心身問題は、本来、形而上学的性質のものであり、抽象的な概念整理に関わるものであった。G・ライルやW・V・クワインの時代までの分析哲学系の心身論は、概念分析や論理分析を主とするものであった。

ところが、ベルクソンやメルロ＝ポンティ（とりわけ後者）という大陸の哲学者は、脳病理学（神経心理学）や神経生理学の知見を自らの哲学的心身論に大胆に取り入れ、より人間学的な議論を展開した。日本では、市川浩[7]と湯浅泰雄[8]がこの傾向を代表している。なお、東洋大学（私立哲学館）の創立者・井上円了も生理学の研究にかなりの時間をさいている。

また本書第1章で取り上げたマリオ・ブンゲは、もともと科学者（理論物理学者）であっただけあって、彼の哲学的心身論は実証科学（神経科学）の成果を大幅に取り入れ、それを自らの論理的公準主義で統制したものである。ブンゲの『心身問題』は一九八〇年に出たものであるが、八〇年後半になるとアメリカでは神経科学書と見まごうごとき哲学書が出現した。それはパトリシア・チャーチランドの『神経哲学（*Neurophilosophy*）』（一九八六年）である[9]。

パトリシアは前に紹介したポール・チャーチランドのワイフであるが、世界初の本格的「神経哲学者」である。

彼女の『神経哲学』を繙くと、これが哲学書かと思うほど、神経科学の話や図に満ちている。実際、『神経哲学』は全部で五〇〇ページほどだが、三部構成となっており、第一部が「神経科学の基礎」、第二部が「科学哲学の最近の進展」、第三部が「神経哲学的パースペクティヴ」となっている。このうち第一部の「神経科学の基礎」は二三〇ページにも及ぶが、神経科学（脳科学）の専門家が書いたものとほとんど変わらない、優れた概説となっている。

パトリシアにしろ、夫のポールにしろ、あるいはD・デネットにしろ、J・サールにしろ、彼らの哲学はもはや経験的な神経科学と認知科学抜きにしてはありえないものとなっている。現在の科学哲学の主流は、明らかに従来の数学・物理学から、生物学（とりわけ神経生物学）ないしは広い意味での生命科学（認知心理学を含む）へと移っている。

なお先に紹介した一九九四年のツーソン会議以来の意識科学の興隆は、哲学と神経科学・認知科学の対話を中心として展開している。

それでは、神経科学者たちは哲学的心身論をどのように見ているのだろうか。

まず、意識の神経生物学的研究を興隆させる切っ掛けを作った第一人者で、還元主義の最右翼に属するF・クリックの意見を瞥見してみよう。

彼は言っている。「哲学者たちは、問題への新しい視点を探り、現在の思考法の欠点を明らかにしようとしている。それは有意義なことだが、現実に進歩がないのは、問題を外から捉えようとしているからである。彼らは間違った言語を使用している。ニューロンが、これからの言葉なのだ(10)」。

また次のようにも言っている。「哲学者だけが意識の問題に取り組める、という考えには何の根拠もない（哲学者とは現実の実験よりも思考実験を好み、現象を日常言語で説明することだけが重要だと考える人々であるという、かなり意地悪な定義がある)。何しろ哲学者は二〇〇〇年という長い間、ほとんど何の成果も残していない。これまでのような高慢な態度ではなく、いくらかの謙譲を示すべきだろう。我々の方でも、脳の働きについての仮説をもっと明確にし、拡張しなくてはならない。そのためにも、少しでも多くの哲学者に、脳の仕組みを十分に学んで欲しいと考えている。しかし、科学的な証拠によって否定された場合には、自らの説を捨てることも学ばないと、笑い物にしかならないであろう(11)」。

もちろんクリックの批判はチャーチランド夫妻には当てはまらない。それどころかチャーチランド夫妻はクリックと積極的に交流し、相互に影響を与え合っているのである(12)。ポール・チャーチランドは、クリックのことを「正真正銘の自然哲学者」であると言っている。また、クリックはチャーチランド夫妻以外にサールのことも尊敬し、自著『驚異の仮説』のエピグラムとして、「四、五年前には、誰かが意識の問題をもち出したら、趣味が悪いとされたものだ。調子を合わせるのがうまい大学院生たちは、目を天井に向けて、それとなく嫌みな態度を示したものだった」というサールの言葉を掲げている。ちなみにチャーチランド夫妻は、クリック以外に神経学者のダマシオ夫妻とも交流している。

このように、脳科学者と積極的に交流し、自らもプロなみの脳科学の知識を身に付けている哲学者もいる。彼らは自然哲学者にして科学哲学者であり、最近の用語で言えば、まさに「神経哲学者」である。

クリックの批判は、当然彼らには向けられない。クリックの批判の対象となるのは、すべての観念論的イデオローグたちである。その中には、おそらくベルクソンとポパーも含まれるであろうし、神経生理学者のエックルズも、その二元論のゆえに批判の対象となるであろう。

哲学者たちは、現実から一歩身を引いて、概念分析的に科学的問題を始めとする様々な問題や事象を考察・探究しようとする。それはおいおい「方法論」の確立を目指すこととなり、哲学者たちはそれに基づいて整合的な思想体系を構築しようとする。

しかし、それだけでよいのか、という反省は当然、哲学者が自らに向けてなすべきことだし、科学者の現実的で経験的で具象的で帰納的な方法と態度から多く学ぶべきなのである。それなしには、哲学は空虚なものになり果てるであろう。

かといって、科学もまた哲学的反省が欠如すると、暴走しかねない。かつて分裂病者に対して強制的になされ、その後禁止されたロボトミー（前頭葉白質切断術）という精神外科手術などは、その典型であった。(13)

いずれにしても、科学者が哲学的となり、哲学者も科学的になることが最も望ましいのである。カントの言葉を借りて言えば、「科学を欠いた哲学は空虚であり、哲学を欠いた科学は盲目である」というところであろう。

ところで、松本修文と澤口俊之は、脳科学者の立場から哲学的心身論（心脳論）の意義を考察しているが、彼らが最も高く評価するのは、本書の第1章で取り上げたマリオ・ブンゲの創発主義的精神神経一元論である。

彼らは、思考原理としてブンゲの創発主義的一元論を高く評価しており、ブンゲの原理は現代の神経科学の方向性に見事にマッチすると考えている。しかし、彼らが方法論ないし原理論に関する科学哲学的議論に満足していないことも事実である。(14)彼らは、哲学的議論を超えて、着実に科学的データを積み重ね、それによって「心」の核心に迫ろうとするのである。

3　心身問題と今後の哲学の課題

前節の終わりにかけて、少し哲学の形勢が不利になったので、ここで名誉挽回のためにA・ダマシオの発言を取り上げることにしよう。

彼は、或るインタビューアーからの質問、「神経哲学に意味はあるのか?」に対して次のように答えている。「私は神経哲学の研究に何ら問題があるとは思わない。むしろ、科学的研究の計画全体にとって非常に有益であり、生産的だと考えているのです。哲学は事実とアイディアと仮説を扱う一つの重要な方法であり、それらの混合物をより豊かにしてくれるものです。そして今はまさに哲学が機能するために科学が必要とされるときでもある」(15)。

さて、神経哲学とは、神経科学の哲学的基盤を鑑定するものであり、その中心論点は心脳問題にある。心脳問題が「意識の主観的特質」としての「経験」と「クオリア」の問題に収斂することに関しては、既に前章で詳しく説明しておいた。

ところで、こうした意識のハード・プロブレムを解くためには、非常に長い年月をかけた、哲学と科学の対話を必要とすると思われるが、我々としては、この際、哲学と科学をそれほど厳密に区別する必要はない、と思う。日本語の「哲学」は、英語の philosophy とドイツ語の Philosophie を訳したものだが、この英独両語は、ギリシャ語の philosophia に由来する。この philosophia が、知恵(sophia)を愛し求めること(philein)をもともとの意味とすることは周知のことであろう。そして、この philosophia は、すべての知的探究(現在の言葉で言えば「学問」)を意味していた。

ギリシャ哲学の集大成者にして万学の祖たるアリストテレスは、ほとんどあらゆる学問に通暁していたが、その学問のオルガノンとして論理学を設立し、あらゆる学問（知的探究）の形成するピラミッドの頂点に prote philosophia（第一哲学）としての形而上学（metaphysica：これはアリストテレス自身は使わなかった言葉だが、自然学 physica を超えた分野を研究するものを指す）を据えた。

アリストテレスの第一哲学は、「存在としての存在の第一の原因」[16]を探究するものであるが、この第一原因は、いかなる質料も含まない純粋の形相、可能態が完全に止揚された永遠不変の現実態であり、自らは動かずに自然界の運動の最初のひとはじきを与えた「不動の第一動者」である。そしてこの「不動の第一動者」は、自らを思惟する精神（ヌース）としての「神」なのである。[17]

アリストテレスの立場は後に「自然神学」と呼ばれたが、二〇世紀において彼の立場を引き継いだのは、S・アレキサンダー[18]とA・N・ホワイトヘッド[19]である。

彼らは、ラファエロの有名な絵「アテネの学堂」のアリストテレスの姿を体現している。つまり、プラトンが天を指さしているのに対して、アリストテレスは地に向けて手をおし下げる身振りをし、経験を積み重ねた上で第一哲学を構築することを示唆しているのであるが、アレキサンダーとホワイトヘッドも自然科学（特に物理学）の研究の後に形而上学（宇宙論）を構築したのであった。

確かに、ホワイトヘッドは「西洋の全哲学はプラトンに対する脚注にすぎない」と言っているが、筆者から見れば、彼はやはり二〇世紀版のアリストテレスに他ならない。

アレキサンダーとホワイトヘッドの哲学の意義の解明は、筆者にとっての今後の課題である。

ちなみに、微小管学者で意識の量子理論の第一人者であるS・ハメロフは、ホワイトヘッドの汎経験主義的観点が、現代物理学と最も整合性がとれているとして、彼を非常に高く評価している[20]。

いずれにしても我々は、ウィトゲンシュタインにならって「神」については沈黙することにしよう。

しかし、意識のハード・プロブレムに関しては沈黙する必要は全くないし、そのプロブレムと宇宙の情報構造の関係に関しても積極的な研究を推し進めるべきである。

「心」が「機械の中の幽霊」である時代は完全に終わった。心ないし意識の科学は着実に進歩しつつある。このことは「情報」の物理的実在性と深く関係している。

ストウニアは言っている。「情報は存在する。情報は存在することを感知される必要はない。情報は存在することを理解される必要はない。情報はそれを解釈する知性を必要としない。情報は存在の意味を有している必要はない。情報は存在する[21]」。

ストウニアは明らかに情報の「物理的実在性」を主張しているが、彼の立論は、一昔前の哲学者からは「素朴実在論」として排斥されそうである。何と言っても、彼は「情報は、それを感知する主観の存在を前提（必要）としない」と断言するのだから。

しかし彼の次の言葉は非常に啓発的である。

「情報が物理的実在性をもち、宇宙の本質的特質をなしているという考え方を理解し、受容することが難しい理由は、我々があまりに深く、情報処理と情報伝達の中に、埋め込まれてしまっていることにある[22]」。

このストウニアの発言は、意識の主観的特質に関するアポリアとも深く関係している。このアポリアは、意識の主観的特質があくまで「主観的」なものなので、「客観化」して実証科学的に研究できないとする、誤った信念から生じる[23]。

多くの人々は、主観と客観をあまりにはっきりと区別しすぎるように思われるが、現実には、心と身体が有機的に統合された個々の生命体が存在し、それらは情報とエネルギーを相互に交換し合いながら「生存」しているのであり、主観／客観の区別は事後的なものだと言わざるをえない。

心身問題を考える哲学者は、このことを銘記すべきだし、物理学の側から「情報」の（認識主観に依存しない）実在性が実証されつつあることに謙虚に耳を傾けるべきである。

心身問題を研究する際には、認知脳科学や情報理論の知見を取り入れると同時に、臨床医学と臨床心理学を勉強することが極めて効果的である。それについては本書の第3章と第4章で詳しく述べたので、ここであえて繰り返す必要はあるまい。

ただし、最後にこれだけは付け加えておきたい。

哲学を軽蔑すること、それが真に哲学することである（パスカル）。

さあ、我々も口先だけではなく、経験科学を勉強しながら、パスカルとともに真に哲学しようではないか。

註

（1）大森荘蔵・養老孟司「脳は脳をどう見ているか」（『談・唯〈脳‐身〉論』たばこ総合研究センター、一九九六年）

（2）プラトン『パイドーン』96Ｂ（田中美知太郎・池田美恵訳）

（3）プラトン、前掲書、97Ｃ—Ｄ

(4) プラトン、前掲書、98B—C

(5) プラトン、前掲書、98C—E

(6) 利根川が精神と物質の関係について、どのように考えているかについては、立花隆・利根川進『精神と物質』文藝春秋社、一九九〇年、二五七—二六一ページを参照。そこで利根川は自らの立場が「唯心論」である、と言っている(!?)。

(7) 市川浩『精神としての身体』講談社現代文庫、一九九五年

(8) 湯浅泰雄『身体論』講談社現代文庫、一九九五年

(9) P.S. Churchland, *Neurophilosophy: Toward a Unified Science of the Mind/Brain*, MIT Press, 1995.

(10) F. Crick, *The Astonishing Hypothesis*, p. 256.

(11) F. Crick, *op. cit.*, p. 258.

(12) P・M・チャーチランド『認知哲学』iiページ、F. Crick, *op. cit.*, pp. 265ff. を参照。

(13) ロボトミーについては、岡田文彦『精神分裂病の謎——精神外科の栄光と悲惨』花林書房、一九九八年を参照。

(14) 松本修文編『脳と心のバイオフィジックス』共立出版、一九九七年、一—五二ページを参照。

(15) 『最新脳科学——心と意識のハード・プロブレム』学研、一九九七年、一七三ページ

(16) Aristoteles, *Metaphysica*, Γ, 1003a-31.

(17) Aristoteles, *op. cit.*, Λ, 1071b6-1072b31.

(18) Cf. S. Alexander, *Space, Time and Deity*, Macmillan, London, 1920.

(19) Cf. A.N. Whitehead, *Process and Reality*, The Free Press, New York, 1978.

(20) S・ハメロフ「微小管での量子計算——意識の神経細胞内相関物か」(苧阪直行編『意識の認知科学』共立出版、二〇〇〇年)

(21) T・ストウニア『情報物理学の探求』二二一ページ

(22) T・ストウニア、前掲書、一三ページ

(23) Cf. J.R. Searle, How to Study Consciousness Scientifically.

あとがき

現代アメリカにおける認知哲学の第一人者、ダニエル・デネットは、自著『解明される意識（*Consciousness Explained*）』のまえがきの冒頭で、「カレッジの一年生のとき、私はデカルトの『省察録』を読んで、心身問題のとりことなった」と述べている。

筆者も高校生のときにデカルトの『方法序説』を読み、哲学を志すきっかけを得た。しかし、心身問題に関心をもち始めたのは、ずっと後になってからであった。デカルトから学んだのは、文学的ではない科学的哲学がこの世に存在し、それは哲学科に入って本格的に勉強し、学問的訓練を受けるに値するものだということであった。

筆者は、これまでに二冊の本を出版している。最初の本は『時間・空間・身体——ハイデガーから現存在分析へ——』であり、二冊目の本はメダルト・ボスの『不安の精神療法』の翻訳に長くて詳細な解説を付したものである。

この二冊の本を読んだ人、あるいは大学院を出てから講師となって、学会発表した筆者しか知らない人は、筆者が学部生の頃、ウィトゲンシュタインを中心に分析哲学を勉強していたことを意外に思うだろう。

筆者は大学院に入ってからハイデガーを研究し始めたのであって、それ以前はハイデガーの哲学をうさん臭いものだと思っていた（ハイデガー食わず嫌いは、なぜか非常に多い）。

ところで、筆者が心身問題に興味をもち、本格的に研究し始めたのは、メダルト・ボスが編集した、ハイデガーの『ツォリコーン・ゼミナール』を読んでからであり、それは一九九五年頃である。この書は、ボスを中心とする精神医学者たちが哲学者ハイデガーを取り囲んで、一一年間にわたって定期的に開催したゼミナールの内容を文書化したものであるが、そのゼミナールの中心論題は常に心身問題だったのである。

筆者はその後、精神医学と脳科学を本格的に勉強し始め、精神分析や現存在分析（現象学的人間学）を超えて、完全に理科系の範囲に属す生物学的精神医学の研究に果敢に挑み、さらに基礎医学書にも目を通し、神経内科学や脳神経外科学についても、書物を通してながら、基本的な事柄はちゃんと押さえた。

しかしそのうち、こうした勉強ばかりしていると、だんだん哲学から遠ざかってしまうのではなかろうか、という懸念が筆者の心をかすめるようになってきた。そのとき出会ったのが、本文中でも取り上げたパトリシア・チャーチランドの *Neurophilosophy*（未邦訳）であった。なんとその本の前半は、完全に理科系の範囲に属す神経科学の話に終始していたのである。

その後、本書で多くのページをさいて考察したマリオ・ブンゲを始めとして、チャルマーズやサールやポール・チャーチランドやデネットらの思想を知り、先述の筆者の懸念は吹き飛んだ。

また、これらの英語圏の哲学者らとは系統が違い、むしろハイデガーに近い、フランスのメルロ＝ポンティの前期思想も非常に参考になった。

好きで好きでたまらない精神医学（心身医学を含む）と脳科学の勉強を続けながら、かつ哲学者でもあり続けることができる。筆者は、このように確信することができたのだ。

本書は、以上のような経歴を経て出来上がった「試作」にすぎないが、二一世紀の最初の年に出版が間に合って、心底嬉しく思っている。

心身問題は古くて新しい問題である。本書を読んだ人が哲学にもアクチュアルな側面があることを理解してくれたら、それは筆者にとって最高の僥倖である。

二〇〇一年七月一日

河村次郎

■著者略歴
河村次郎（かわむら　じろう）
1958年　青森県むつ市に生まれる
1984年　東洋大学文学部哲学科卒業
1991年　東洋大学大学院文学研究科博士課程単位
取得退学
現　在　東洋大学非常勤講師

主要著作

『時間・空間・身体――ハイデガーから現存在分析へ――』（醍醐書房，1999年），メダルト・ボス『不安の精神療法』（訳・解説：醍醐書房，2000年），「顕現せざるものの現象学――ハイデガー最晩年の思索をめぐって――」（『実存思想論集Ⅶ・実存と宗教』以文社，1992年），他。

脳と精神の哲学――心身問題のアクチュアリティー――

2001年10月30日　初版第１刷発行

著　者　河 村 次 郎
発行者　白 石 徳 浩
発行所　萌《きざす》　書　房
〒630-8303　奈良市南紀寺町2-161-9-205
TEL & FAX（0742）23-8865
振替　00940-7-53629
印刷·製本　共同印刷工業・藤沢製本

ISBN4-9900708-7-9